Pensar após Gaza
Ensaio sobre a ferocidade e o fim do humano

Pensar após Gaza: ensaio sobre a ferocidade e o fim do humano
Franco Berardi

© Franco Berardi
© n-1 edições, 2025
ISBN 978-65-6119-042-8

Embora adote a maioria dos usos editoriais do âmbito brasileiro, a n-1 edições não segue necessariamente as convenções das instituições normativas, pois considera a edição um trabalho de criação que deve interagir com a pluralidade de linguagens e a especificidade de cada obra publicada.

COORDENAÇÃO EDITORIAL Peter Pál Pelbart e Ricardo Muniz Fernandes
DIREÇÃO DE ARTE Ricardo Muniz Fernandes
GESTÃO EDITORIAL Gabriel de Godoy
ASSISTÊNCIA EDITORIAL Inês Mendonça
PREPARAÇÃO Fernanda Mello
EDIÇÃO EM LaTeX Julia Murachovsky
CAPA Isabel Lee

A reprodução parcial deste livro sem fins lucrativos, para uso privado ou coletivo, em qualquer meio impresso ou eletrônico, está autorizada, desde que citada a fonte. Se for necessária a reprodução na íntegra, solicita-se entrar em contato com os editores.

1ª edição | Março, 2025
n-1edicoes.org

Pensar após Gaza
Ensaio sobre a ferocidade e o fim do humano

FRANCO «BIFO» BERARDI

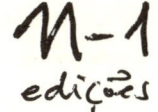

TRADUÇÃO DAVI PESSOA

A FEROCIDADE. 9
NAS TREVAS. 39
ACABEMOS DE VEZ COM A MEMÓRIA. 57
A DESINTEGRAÇÃO. 81
A ERUPÇÃO PSICÓTICA DO INCONSCIENTE AMERICANO. . .93
HIPERCOLONIALISMO E SEMIOCAPITAL. 107
MARX E DARWIN. .133
O EXTERMÍNIO INTELIGENTE. 149
PAI-NOSSO. 171
TÉRMINO: NOTAS A LUCRÉCIO. 193

Na presente condição de irremediável derrota do humano, a tarefa de quem pensa é simplesmente dizer a verdade.

Verdade, porém, é uma palavra extremamente comprometedora, portanto seria melhor dizer: a tarefa de quem pensa é dizer qual drama se desenrola no teatro de sua consciência. Designemos este drama: verdade.

No passado, quando era possível alimentar alguma mínima esperança, por vezes tornava-se necessário e perdoável esconder alguma coisa da verdade, adiando-a para tempos melhores.

Agora sabemos que nunca mais haverá tempos melhores, e sabemos que não há mais qualquer esperança. Agora sabemos que o humano está se retirando para os lugares inacessíveis da deserção, enquanto o horror desumano avança e o autômato se apodera das funções de comando.

Por isso, estamos sozinhos com o desespero e a impotência da verdade: a verdade definitiva, última e totalmente inútil.

É preciso compartilhar essa verdade para poder criar alguns lugares comuns de deserção.

Pensar, agora, é definitivamente irrelevante, exceto para quem pensa.

E quem pensa não está sozinho. Outros pensam, outros contemplam o drama e o vivem individualmente. O que acontece no presente – o genocídio erigido como nova regra da história, o desencadeamento da demência agressiva em cada nicho das relações sociais – é muito pior do que o que aconteceu na Alemanha em 1933, porque agora é definitivo e incontestável, e porque no futuro não haverá nenhuma Stalingrado. Por isso, pensar é aterrador, mas indispensável. Porque não há outra saída, não há outra maneira de preservar a única coisa que resta: o respeito por si mesmo.

A ferocidade

> Tigre, Tigre, brilho ardente,
> Lá nas florestas da noite;
> Que olho, que mão traçaria
> Tua feroz simetria?
> Em que infernos, em que céus
> Arde o fogo dos teus olhos?
> Que fole o pôde soprar?
> Que mão tal fogo agarrar?
> E que braço, & que arte,
> Pôde o coração talhar-te?
> E quando a bater se pôs,
> Que pés terríveis? Que mãos?
> Que martelo? E que malha?
> E teu cérebro em que fornalha?
> Que bigorna, ou forças tais
> Agarram garras fatais?
> Quando as estrelas raiaram
> E o céu de pranto inundaram:
> Sorriu ele ao ver-te inteiro?
> Quem te fez, fez o Cordeiro?[1]
>
> WILLIAM BLAKE

> Auschwitz demonstrou de modo irrefutável o fracasso da cultura. [...] Toda cultura depois de Auschwitz, inclusive sua crítica urgente, é lixo.[2]
>
> *Dialética negativa*
> THEODOR W. ADORNO

---

2. William Blake, *Cantigas da inocência e da experiência: mostrando os dois estados contrários da alma humana*, trad., introd. e notas de Manuel Portela. Lisboa: Antígona, 2007. [N. T.]
2. Theodor W. Adorno, *Dialética negativa*, trad. Marco Antonio Casanova. Rio de Janeiro: Jorge Zahar Ed., 2009, pp. 303-304. [N. T.]

Se a humanidade conseguirá sobreviver ao ataque, a um só tempo, da mudança climática, da demência agressiva em expansão e das tecnologias de inteligência destrutiva, é hoje uma coisa incerta.

No entanto, é certo que a civilização – entendida como a progressiva *humanização* do ser humano, como o predomínio da linguagem sobre a ferocidade natural do instinto – está se desintegrando.

Há muito tempo começamos a perceber os sinais da desintegração, há muito tempo começamos a entender que a desregulação liberal abria caminho para o predomínio da força nas relações entre os animais humanos.

Essa involução final da história moderna se tornou evidente nos dias e nos meses que se seguiram à atroz agressão que as formações jihadistas palestinas desataram contra as comunidades que habitavam o Sul de Israel em 7 de outubro de 2023, uma agressão que devemos definir como um *pogrom*, semelhante aos ataques que o povo judeu sofreu ao longo dos séculos em muitos territórios europeus, e semelhante aos que os palestinos da Cisjordânia sofrem há anos pelas mãos dos bandos armados de colonos israelenses.

Após esse ano de atrocidades ininterruptas, o fracasso do projeto humanista e universalista, que tomou o nome de *civilização*, passou a ser evidente, e a ferocidade retomou seu lugar: o retorno da fera à história humana, o retorno da violência homicida como reação primordial para a defesa da própria sobrevivência.

O nome *Gaza* aparece pela primeira vez nos documentos militares do faraó Tutmés III, no século XV a.C. Nas línguas semíticas, o significado do nome da cidade é *feroz*.

Como quase sempre acontece na história, os homens se atribuem títulos pomposos, exibem posturas agressivas e prometem destruição, e foi assim que os habitantes de Gaza se autonomearam *ferozes*.

A infelicidade do mundo depende, ao menos em parte, do fato de atribuir a si mesmo uma identidade, uma grandeza e um poder que não temos, mas que gostamos de ostentar, e que, às vezes, somos obrigados a ostentar com a esperança de causar medo em outras pessoas que são, na realidade, mais ferozes do que nós.

A faixa de terra arenosa que se debruça sobre o Mediterrâneo oriental é mencionada muitas vezes na Bíblia, em antigos documentos egípcios e inscrições de Ramessés II, Tutemés III e Seti I.[3]

Quando os israelenses chegaram à Terra Prometida, Gaza era uma cidade filisteia, e entre seus habitantes estavam os Anaquins, um povo que habitava as regiões montanhosas de Canaã e algumas áreas costeiras.

Foi em Gaza que Sansão, cego e acorrentado, fez com que o templo dedicado à adoração de Dagom desabasse, no qual podiam se reunir mais de três mil pessoas. Ele mesmo morreu, mas levou consigo ao inferno milhares de filisteus.

Após o 7 de outubro, os israelenses reagiram com crueldade e ferocidade.

Se a crueldade é um desejo perverso dos humanos, a ferocidade é uma reação animal, inscrita no instinto de conservação.

É o retorno da ferocidade como único regulador das trocas entre os humanos que marca o início do processo de extinção da chamada civilização.

A civilização consistiu, pelo menos nos séculos modernos, na tentativa de submeter a ferocidade à política, o instinto à vontade, ou seja, submeter o caos à linguagem.

Após Gaza, é hora de reconhecer que essa tentativa de humanização da história fracassou, e que não haverá mais outro teste.

É hora de reconhecer que o experimento chamado civilização fracassou. O que a civilização nos entregou, de forma duradoura, foi o poder destrutivo da tecnologia, especialmente da tecnologia militar. Mas quando a ferocidade prevalece, a tecnologia se torna a função da guerra.

O que nos resta da civilização é apenas isso: nossa capacidade de matar de maneira muito mais sofisticada e sistemática do que qualquer outro animal feroz.

---

3. Faraós da XIX dinastia do Egito no Império Novo. [N. T.]

Pensar após Gaza significa, em primeiro lugar, reconhecer o fracasso irremediável do universalismo da razão e da democracia, ou seja, a dissolução do próprio núcleo da civilização.

No entanto, também significa procurar as vias de fuga a partir do futuro que nos aguarda, que aguarda todos que nasceram neste século infame.

Aos que foram gerados na luz tenebrosa do século terminal, devemos esta última ação de pensamento, para que possam desertar da história por caminhos que no atual momento não podemos imaginar.

Pensar após Gaza significa reconhecer que as palavras são proferidas para que digam o exato contrário do que a análise histórica, semiótica e psicológica permite compreender. Na época da ferocidade, a linguagem só serve para mentir, enganar, submeter e explorar.

No discurso corrente, nos meios de comunicação ultrarrápidos, não há tempo para a análise histórica, semiótica ou psicológica.

Não há mais tempo para ouvir nem para entender.

O tempo de circulação das mensagens na mediaesfera eletrônica é hiper-veloz, mais rápido do que qualquer elaboração cognitiva.

O tempo acelerado pela tecnomediaesfera é um tempo contraído, tão contraído que não permite a compreensão e a elaboração crítica das palavras.

Nesse sentido, podemos dizer que a história humana se esgotou: porque o humano (além de todo privilégio especista)[4] é a esfera na qual as palavras têm um sentido, os signos são interpretados e a linguagem media as relações entre os corpos.

Desde que a linguagem se tornou o campo de batalha em que o mais poderoso impõe seu significado, desde que, em nome da velocidade de circulação dos signos-mercadoria, os caminhos da crítica e da independência do pensamento foram interditados, entramos no reino da ferocidade.

No reino da ferocidade, toda forma de linguagem se torna uma ferramenta de extermínio.

---

4. Especista é um termo usado para descrever a atitude, crença ou prática de dar preferência a uma espécie em detrimento de outras, geralmente considerando os seres humanos como superiores aos demais animais. [N. T.]

O Direito e a Lei se propunham como formas universais capazes de regular a relação entre os atores do campo social, entendidos como sujeitos de linguagem.

Nos séculos modernos, o direito se afirmou como discurso universal alternativo à ferocidade da pertença tribal.

A afirmação da universalidade moderna da razão se tornou possível pela contribuição intelectual judaica, pela contribuição intelectual dos que pensavam a partir de um lugar nômade, de um lugar diferente da pertença.

O internacionalismo operário e comunista passou a ser igualmente pensável por meio da contribuição da cultura judaica, livre da pertença étnica ou territorial.

Por isso, a tragédia de Gaza tem um caráter definitivo e irremediável: porque mostra a traição da contribuição intelectual judaica à civilização moderna por parte de um Estado e de um exército que se propõem como expressão territorializada dessa cultura, como herdeiros dessa história.

Pensar após Gaza significa reconhecer a traição da cultura judaica por parte do grupo dirigente sionista e por parte da grande maioria do povo israelense: o fracasso da razão universalista e a traição da cultura judaica moderna são as duas faces da mesma moeda.

O Estado de Israel foi, desde o início, uma traição e negação dessa contribuição; mas hoje, após Gaza, a destruição do direito e da própria ilusão da universalidade da razão humana se tornou um programa político e um senso comum de Israel.

A vitória militar do exército e a cumplicidade do povo israelense com o genocídio desencadeado pelo governo Netanyahu marcam de forma irreversível a regressão para o particularismo e o apagamento de toda a esperança de um futuro *humano*.

A lição que Israel nos deu é a seguinte: na esfera histórica, as vítimas não sabem nem podem pedir paz nem reparação, só podem buscar vingança. Isso significa que as vítimas de hoje jamais poderão ser outra coisa senão vítimas, a menos que consigam se transformar em algozes.

Após o genocídio israelense, o direito, o universalismo e a democracia aparecem como ilusões que os predadores usaram para manter seu poder sobre as presas. Mas agora essas ilusões se dissolveram e se mostra a face feroz do colonialismo, de que Israel é a última manifestação.

A luta contra o nazismo e a vitória contra a Alemanha de Hitler permitiram reafirmar o valor e a atualidade dos princípios do universalismo moderno.

A ferocidade nazista foi derrotada pela ferocidade das potências antifascistas, mas além da ferocidade da guerra havia a ilusão de que emergiria o tempo da paz, do direito e da democracia.

Esse era o sentido do *Nie Wieder*[5] que estava na base da formação cultural e política das gerações que cresceram após o fim da Segunda Guerra Mundial (minha geração).

Hoje, tal convicção parece ser definitivamente uma ilusão.

O *nunca mais* era provisório, porque não se criaram as condições para extirpar a ferocidade da esfera da civilização humana.

Essas condições estão (ou estavam) na igualdade social que a classe operária organizada teve a força de impor de maneira limitada, sem, no entanto, alcançar o núcleo gerador da ferocidade: a propriedade privada, a exploração e a transformação do tempo de vida em valor de troca.

O genocídio que os israelenses desencadearam por vingança contra a vingança dos palestinos mostra que o *Nie Wieder* era uma mentira, porque as vítimas do genocídio nazista se preparavam para se tornar fortes o suficiente com o objetivo de perpetuar, por sua vez, seu genocídio.

O TRAUMA

O trauma da violência sofrida nos anos da Shoá não poderia deixar de ter efeitos devastadores.

O efeito mais devastador é o nascimento do Estado sionista colonialista e hiperarmado, demonstração de que o universalismo não tem verdade na história, e que o nacionalismo é a única maneira de proteger a própria existência.

---

5. No original, em alemão: a expressão significa *nunca mais*, que se tornou um compromisso por parte de governos democráticos após o fim da Segunda Guerra Mundial. [N. T.]

A reterritorialização agressiva do povo que sofreu a Shoá é consequência de um trauma que, evidentemente, não foi elaborado, provavelmente porque há traumas que não podem ser elaborados.

O Estado sionista se apresenta como prevenção contra a possibilidade de repetição de uma agressão antissemita, mas também é a elaboração vingativa do trauma, e as duas coisas não podem ser distinguidas, não podem ser separadas.

Se a única maneira de evitar a repetição do genocídio é construir um Estado destinado a perpetuar, por sua vez, o genocídio, então significa que a ferocidade, na história, tomou o lugar da lei.

Por isso, a Shoá deixou uma marca definitiva na história da Europa e do mundo: porque demonstra que a razão deve se curvar diante da ferocidade. E que somente a ferocidade pode nos proteger da ferocidade.

A reterritorialização sionista, agressiva como toda reterritorialização, tinha sua racionalidade funcional. Os sionistas pensaram legitimamente: se a razão universal não nos protegeu do nazismo e do extermínio, cabe-nos o uso de instrumentos que nos permitam nunca mais sermos presas, mesmo que isso implique nossa transformação em predadores. É a racionalidade da ferocidade que não pode conviver com a universalidade da razão.

No entanto, a reterritorialização israelense demonstrou que não há possibilidade de elaborar os traumas da história, porque a única forma de se emancipar da opressão sofrida é a vingança. E a única forma de evitar o extermínio é exterminar.

No caso específico de Israel, a vingança tem um caráter assimétrico: não foi realizada, de fato, contra os alemães ou contra os europeus, responsáveis pelo genocídio dos anos 1940. Foi realizada, ao contrário, contra populações que não podiam se defender e que não tinham nada a ver com a culpa antijudaica. Na história, às vezes, acontece exatamente assim: os que tiveram que sofrer violência, porque não tinham força suficiente para se rebelar, exercem sua vingança contra alguém mais fraco.

Ao longo de décadas, Israel evoluiu no sentido de uma acentuação do caráter exclusivo e integralista do Estado: em 2018, violando um princípio fundamental do universalismo político moderno, a Knesset decidiu que o Estado de Israel é o Estado dos judeus, assim como a República do Irã é o Estado dos muçulmanos.

O significado dessa decisão da Knesset[6] estava claro desde o momento em que foi tomada, mas só em 2023 pudemos compreender quais consequências essa evolução implicou, não apenas para Israel, não apenas para o Oriente Médio, mas para o mundo inteiro.

A Segunda Guerra Mundial foi uma imensa tragédia, mas não apagou a possibilidade de crença num futuro melhor, pelo contrário, a libertação dos judeus dos nazifascistas despertou uma energia inovadora que envolveu enormes massas populacionais.

Em 1945, era possível acreditar na promessa democrática.

O lema *nunca mais* era crível porque, apesar de tudo o que havia acontecido nos anos anteriores, acreditávamos ser possível construir um futuro de igualdade, solidariedade e democracia. Foi então que teve início um movimento que, nos trinta anos seguintes, permitiu que uma população predominantemente jovem participasse de um projeto que não parecia utópico, fundado na igualdade e na paz.

Hoje, porém, o que resta de tudo o que permitiu à Europa e ao mundo saírem do horror da guerra, do nazifascismo, de Auschwitz e da bomba atômica?

Nada resta desse mundo de expectativas, nada resta dessa energia. Uma população envelhecida tanto do ponto de vista demográfico como intelectual se retira assustada diante da avalanche de ameaças: o retorno da guerra, a ameaça nuclear sendo cada vez mais tema de destaque, usada de forma realista no embate entre o Ocidente e seus inúmeros inimigos. Em outras palavras: o extermínio aparece como a regra das relações entre o Norte colonialista e as massas migrantes do Sul global, dos quais os palestinos se tornaram o símbolo sangrento.

Portanto, nada resta dessas expectativas: a igualdade foi apagada, criminalizada e zombada como um desvalor, como

---

6. A Knesset é o Parlamento de Israel, ou seja, a Assembleia Legislativa do país; foi fundado em 1949, sua sede está em Jerusalém. Em hebraico, o termo significa "assembleia", "reunião". [N. T.]

um perigo para o destino da competição econômica. A solidariedade passou a ser impossível pela cultura da competição e pela precariedade do trabalho. A paz foi transformada em utopia pelo predomínio do nacionalismo, câncer político que substitui a solidariedade entre trabalhadores e o afeto entre corpos eróticos pela camaradagem entre homens combatentes.

A democracia foi ridicularizada pelo domínio dos automatismos financeiros e pelo retorno da guerra.

Quem poderá acreditar novamente num futuro que não seja mortífero?

Quem poderá acreditar novamente nas promessas do poder?

Diante do poder armado, só se pode baixar a cabeça, obedecer, sofrer e suportar. Não há promessa a ser ouvida, nem promessa a ser cumprida.

Nacionalismo político e fanatismo fundamentalista são a razão de ser da comunidade política israelense.

A lei que Israel quer impor é a do mais forte, a lei da raça superior. A lei do deus que se proclama senhor dos exércitos. Um deus racista do qual o supremacismo branco teve origem.

Pensar após Gaza significa pensar sem mais futuro, esperança, universalismo e humanidade.

O abismo foi escancarado, e de nada serve tentar ignorá-lo. Precisamos olhar para o abismo, medir sua extensão e profundidade. Precisamos mapear o abismo, enquanto inevitavelmente caímos nele.

ENTENDER, DESERTAR

A história sai do horizonte humanístico e o pensamento, perdida toda sua potência política, é forçado a se retirar horrorizado até que possa se transformar em contemplação impotente da desumanização progressiva.

Bárbara é a condição na qual a palavra não é capaz de ser entendida, nem de criar partilha. Quando a palavra já não é mais partilha, então a lei não é mais feita de palavras, mas apenas de natureza: a lei que vale é, sobretudo, a do mais forte, a lei do predador. Barbárie, nesse sentido, é a ferocidade.

Quando entramos nesse tempo em que a relação entre os seres humanos não é mais mediada pela linguagem, mas pela ferocidade, então a evolução retoma a supremacia sobre a história, e a seleção natural assume o comando sem mais a mediação do direito. Saímos da dimensão histórica para voltar completamente à esfera da natureza. A única herança que a história entrega à ferocidade natural é a técnica, que multiplicou a força do predador.

O pensamento não pode pensar outra coisa senão sua própria impotência.

Por tudo isso, devemos reconhecer que o martírio de Gaza não é apenas uma tragédia que destrói a vida de milhões de mulheres e homens (e sobretudo de crianças), mas também é uma prova da transição para uma época na qual jamais haverá nem justiça nem paz. Esperar justiça e paz num futuro possível só significa não ter compreendido.

Quem continua a agir como se fosse possível restaurar a universalidade da razão não entendeu.

Quem acredita que a vontade política pode subverter o irreversível não entendeu.

Quem acredita na eficácia da política não entendeu.

Quem pensa que a palavra democracia tem significado não entendeu.

E, ao contrário, devemos entender, porque é a única coisa que nos resta: a compreensão, a visão desencantada do mundo na qual a palavra não é mais capaz de nada, porque o domínio pertence somente à ferocidade do instinto de sobrevivência e à ferocidade da tecnologia de extermínio.

Precisamos ter a coragem de entender que não haverá qualquer retorno à democracia, nem fim da guerra nem limite para a expansão da desumanidade.

Precisamos entender, porque só quando tivermos compreendido poderemos começar a realizar a única ação razoável: tomar distância do vínculo histórico, esquecer a identidade (as identidades), e assim descobrir – ou, melhor, instaurar – uma dimensão não histórica, não política, na qual seja possível a amizade, a alegria e a gentileza.

Quem entende deserta, sem nenhuma pretensão de interação com o processo histórico que se revela como uma devastação incontrolável.

Quem tem a coragem de entender não contribuirá para a reprodução da espécie humana, porque o experimento humano fracassou, e agora é irrevogável.

NÓS VIVEREMOS

No dia 8 de março de 2024, as manifestações feministas, na França, como em outros lugares, foram marcadas por bandeiras palestinas.

Isso talvez significasse que as mulheres estavam se posicionando a favor de grupos como o Hamas, ou o Hezbollah, ou pelo islamismo em geral?

Talvez significasse que a violência patriarcal do islamismo radical havia sido perdoada pelas mulheres que marchavam com as bandeiras palestinas?

Eu, realmente, não acredito nisso.

Acredito que as bandeiras, nesse contexto, tinham um significado muito simples: estamos ao lado das mulheres e das crianças que sofrem há setenta e cinco anos com a opressão sistemática do Estado sionista e que, neste momento, morrem aos milhares sob as bombas do Exército israelense.

Durante as manifestações em Paris, algumas mulheres foram agredidas por grupos pertencentes a uma organização sionista chamada *Nous vivrons*.

Jamais havia ouvido falar de tal organização, mas o que chamou minha atenção, além da violência dos militantes sionistas, que, depois da agressão contra as mulheres, se retiraram por trás de um cordão de policiais que os protegiam, foi justamente o nome da organização, a maneira como se identificavam: *Nós viveremos*.

No dia 7 de outubro, vimos um pogrom. Não foi o primeiro pogrom do século XXI, como alguém já afirmou. Houve outros: o pogrom que os islamistas do Daesh cometeram contra os iazidis,[7] mas também os pogroms que os colonos cometeram na Cisjordânia repetidamente, com crueldade não inferior àquela que o Hamas demonstrou no dia fatídico, quando seus militantes invadiram o território ao Sul de Israel.

Após o 7 de outubro, era totalmente compreensível que os judeus sentissem o perigo da volta do antissemitismo. O trauma do Holocausto ressurgiu, provocando uma reação compreensível, e também compartilhável, de autodefesa.

A reação de quem é alvo de uma agressão contra sua vida e sua comunidade é uma reação animal de defesa e de sobrevivência.

Uma reação feroz, no sentido etimológico da palavra.

Queremos viver, nós viveremos, mas não nos importamos com os outros.

Que os outros sofram as dores do inferno, que morram com suas famílias. Que o genocídio aconteça, desde que possamos sobreviver.

A reação feroz – natural como o instinto de sobrevivência – não conhece o direito nem a história, não conhece a sequência das causas e dos efeitos, das razões e das injustiças, só conhece o medo e o movimento imediato das mãos que protegem a cabeça, das pernas que fogem.

A expressão *nous vivrons* me causa horror, mas a entendo perfeitamente.

Quem diz: *nós viveremos, custe o que custar*, prefere ignorar que há setenta e cinco anos o Estado sionista mata, humilha, destrói e oprime. Quer ignorá-lo porque o trauma do passado o tornou cego ao sofrimento alheio.

Embora nas primeiras duas décadas do século XXI, em muitas partes do mundo, tenha retornado um clima de ódio incontido e de agressividade nacionalista, foi somente após o 7 de outubro que tivemos que reconhecer que a ferocidade voltou a prevalecer sobre a civilização.

---

7. Comunidade étnico-religiosa curda cujos membros praticam o iazidismo, antiga religião sincrética. [N. T.]

Desde então, acredito que a mente coletiva tenha criado uma sintonia com a inevitabilidade do genocídio, com uma cadeia genocida implacável.

O que poderá impedir essa cadeia, se os netos das vítimas do Holocausto dos anos 1940 se tornaram, por sua vez, os promotores de um novo Holocausto?

CRUELDADE DO BARROCO PÓS-MODERNO

Se a ferocidade é a lógica da sobrevivência animal, a crueldade é o desejo humano de infligir dor.

Incontáveis episódios descritos por jornalistas, documentados por gravações de vídeo, mostram que a violência dos soldados do Exército israelense não tem como objetivo realizar uma missão militar, mesmo que discutível, mas sim humilhar, ridicularizar as vítimas, torturar, infligindo-lhes uma dor intolerável.

Nas redes sociais, surgiram muitas fotos e vídeos em que os militares da IDF (Forças de Defesa de Israel) evisceram bonecas encontradas nas casas que antes eram habitadas por meninas palestinas, põem fogo nas estantes das casas, posam para filmagens enquanto sorriem diante do terror de uma família, da dor de um pai que perdeu seus filhos ou de uma mulher que perdeu toda a família. As atrocidades nas quais os soldados israelenses se exibiram competem em crueldade com as violências sobre as quais nossos pais e avós nos narraram, quando tiveram que testemunhar as ações das tropas nazistas no território italiano, em Marzabotto, em Sant'Anna di Stazzema.

Se a ferocidade é o retorno da brutalidade, a crueldade nos faz pensar que a atrocidade se tornou uma ciência que os humanos civilizados desenvolveram com o objetivo de tornar assustador tudo o que a civilização havia transformado em útil ou reconfortante.

Em setembro de 2024, quatro mil *pagers* explodiram simultaneamente, provocando milhares de vítimas e semeando o pânico nas cidades libanesas.

Foi uma prova de genialidade da indústria israelense do Holocausto, uma demonstração da superioridade técnica e econômica do aparato de extermínio de um país que se destaca na técnica mortuária.

No entanto, é importante que nos lembremos de que os destinos humanos são mutáveis e que a técnica mortuária está em constante evolução: os nazistas alemães também eram superiores quando, em 1939, atacaram a Polônia e depois a França, utilizando uma vantagem técnica que permitia a suas tropas se moverem mais rapidamente, ocupando os territórios num piscar de olhos. Mas essa superioridade técnica não durou para sempre, e, ao final, os bombardeios anglo-americanos destruíram as cidades alemãs, provocando sofrimentos indescritíveis aos militares e à população civil.

Na corrida pela ferocidade, os anglo-americanos demonstraram ser superiores aos nazistas alemães, e isso ficou claro nos bombardeios de Hamburgo, Dresden, Tóquio, Hiroshima e Nagasaki...

Em 2024, aprendemos que a ferocidade e a crueldade são intermináveis, e que a cadeia da vingança não pode ser quebrada. Aprendemos que não há razão para que esperemos que alguém possa devolver a esperança no futuro da humanidade que Israel tirou do horizonte, à qual temos o infortúnio de pertencer.

Na festa de Purim, celebra-se a salvação do povo judeu, que, graças a Ester, escapou do extermínio preparado pelo maligno Hamã. Nessa ocasião, os judeus celebram com as quatro *mitzvot*, entre as quais, além da leitura pública do Livro de Ester, é importante a oferta de comida aos pobres.

Os sionistas, uma caricatura perversa do que os judeus foram um dia, preferem impiedosamente matar de fome dois milhões de pessoas, usando a fome como arma de guerra e de opressão.

Mas, mesmo tendo traído tudo o que havia de progressista na cultura judaica, os israelenses não perderam a vontade de se divertir e encenam um carnaval obsceno de violência.

"Centenas de colonos judeus israelenses invadiram a mesquita de Al-Aqsa durante a festa de Purim, o carnaval judaico. As forças de ocupação expulsaram os fiéis muçulmanos e fecharam os acessos à mesquita durante todo o dia de ontem, deixando o acesso livre para as bravatas zombeteiras dos colonos. Os militares israelenses entraram nas mesquitas, pisando com suas botas nos tapetes de oração", escreveram no site *Anbamed, notícias do Sudeste do Mediterrâneo*.

Não acredito em nenhum deus, e o sacrilégio dos infames profanadores sionistas me deixa indiferente, assim como os atos sacrílegos antijudaicos ou anticristãos dos infames profanadores do Daesh.

No entanto, há uma coisa extremamente horrível na exibição midiática desses rituais tribais, nesse culto barroco da profanação.

Há uma coisa terrivelmente sombria, especialmente nas modalidades pelas quais o genocídio israelense se desenrola: por mais que suas ações sejam uma espécie de revisitação do trauma do Holocausto, neles parece perdida a severidade gótica com que agiam os assassinos hitleristas.

Midiatizado e popularizado, o extermínio pós-moderno provoca a alegria psicótica dos assassinos das Forças de Defesa de Israel, e excita a insolência burlesca do exército popular dos colonos.

Rigorosamente nacionalizado na era gótico-hitleriana, o Holocausto se tornou agora, na época neoliberal, uma ação particular à qual se dedicam para depois oferecerem entretenimento ao núcleo familiar, que, em casa, se diverte assistindo às imagens dos torturadores que executam alegremente sua missão.

Depois de ter assistido aos bombardeios sobre a população civil, assistimos ao espetáculo de um povo alegre, armado e sedento de sangue, empenhado em massacrar um povo de desesperados, perseguindo famílias que fogem de um acampamento a outro.

O horror midiatizado se transformou em espetáculo cotidiano, a atrocidade faz parte do carnaval, e o Barroco vulgar das massas descerebradas tomou o lugar do altivo Gótico do século passado. Enquanto ficamos à espera de que alguém desligue o telão.

No dia 7 de julho de 2024, no boletim diário do *Anbamed*, leio uma notícia, entre as inúmeras notícias de violência que chegam de Gaza, da Cisjordânia, dos territórios que o Estado sionista agride e oprime há 75 anos:

> quinze prisioneiros palestinos foram libertados ontem da prisão do deserto de Neguev e, enquanto retornavam a pé para Gaza, a artilharia do exército os atingiu com vários disparos de obus. Um dos sobreviventes contou que "assim que chegamos à estrada asfaltada a leste de Rafah, a artilharia nos mirou. Sete foram mortos, os outros ficaram feridos. Foi um ataque deliberado". O grupo de detentos libertados havia sido preso por serem motoristas e carregadores de ajuda humanitária, contratados pela UNRWA (Agência das Nações Unidas de Assistência aos Refugiados da Palestina no Próximo Oriente). Os sobreviventes relataram que sofreram torturas e tratamentos humilhantes por parte dos soldados. "Eles nos bateram duramente, nos despiram e nos jogaram no chão, e começaram a caminhar sobre nossos corpos com suas botas, pisando em nossos genitais. Vários de nós sofreram fraturas nos ossos dos membros e foram deixados sem possibilidade de atendimento médico. Cuspiam em nossos rostos e urinavam em nossos corpos estendidos no chão. Tínhamos que comer diretamente das tigelas com a boca, e com as mãos amarradas nas costas, como comem os cães. Para aumentar a humilhação, antes de colocarem a tigela, nos obrigavam a latir. Quem se recusava era excluído da refeição." Eles nunca receberam uma acusação formal e nunca foram ouvidos por nenhum juiz militar. Apenas interrogatórios e torturas. Foram libertados e depois bombardeados.

Este tipo de violência não tem outro objetivo senão humilhar, desumanizar e, sobretudo, causar dor. Por isso, vai além da ferocidade, reação natural de um corpo animal agredido, aterrorizado e motivado apenas pelo instinto de sobrevivência. Nesse tipo de violência, há alguma coisa de extraordinariamente humana, psicologicamente elaborada: a crueldade, o prazer de submeter e causar dor.

O prazer em fazer o mal não é ferocidade, mas uma manifestação particular, na qual o desejo perverso prevalece em relação à necessidade de autoproteção.

O sionismo não é apenas a política de autodefesa feroz de um corpo coletivo que só conseguiu elaborar o trauma do Holocausto dessa forma, mas também é a política perversa de um Estado colonialista, de uma população de colonos que aproveitam o sofrimento vivido no passado por seus antepassados para transformá-lo em razão de privilégio e, por fim, para que possam desfrutar da dor causada aos que não podem se defender.

HIER IST KEIN WARUM

Os herdeiros das vítimas tomam a terra dos proprietários palestinos, expropriando violentamente seus bens escassos. Expulsam de suas casas famílias inteiras, derrubam as portas com suas botas, atingem os camponeses que defendem as oliveiras que os colonos querem arrancar pela raiz com o cabo de seus fuzis.

Tudo isso é uma compensação por tudo o que os judeus sofreram há cem anos, quinhentos anos, mil anos atrás?

Tudo isso podemos entender.

Quanto maior a brutalidade sofrida no passado, maior a brutalidade dos comportamentos atuais.

Então, devemos entender, da mesma forma, a violência dos militantes do Hamas que, no dia 7 de outubro, atacaram as famílias na cidade de Sderot e os jovens israelenses que estavam ouvindo música, agindo como os israelenses se comportaram com eles ao longo de 75 anos.

Se entendo a violência dos israelenses, devo entender também a dos palestinos.

Entender.

O que significa entender nesse contexto?

Significa compreender as causas, as origens e os motivos que não são razões.

Não há nenhuma razão na história – esta é a lição que aprendemos com o Holocausto de Gaza.

Hier ist kein Warum,[8] escreve Primo Levi em *É isto um homem?* Um militar nazista de guarda, em Auschwitz, impede que um prisioneiro sedento leve à boca um pedaço de neve congelada. O prisioneiro lhe pergunta por quê.

A resposta é drástica: aqui não existe por quê, aqui não há razão.

Entender não significa compartilhar as razões, porque não há razões, apenas uma cadeia psicótica. Entender significa remontar a cadeia dos automatismos psicóticos.

---

8. Em tradução do alemão, *aqui não existe por quê*. In: Primo Levi, *É isto um homem?*, trad. Luigi Del Re. Rio de Janeiro: Rocco, 1988, p. 36.

Na história não há razão alguma, a razão não tem nada a ver com a história, por mais que a filosofia alemã tenha abarrotado nossa cabeça com inúmeras teorias, impedindo-nos de sermos capazes de distinguir a realidade da mentira filosófica.

Mas, agora, a filosofia está em silêncio, porque não tem mais nada a dizer.

Não é a razão que explica os acontecimentos da história, especialmente suas tragédias, mas a elaboração do trauma.

Quem acredita que pode explicar o processo histórico com base em valores, programas, idealizações e finalidades racionais se limita à superfície visível e dizível, limita-se a descrever epifenômenos.

Mas quem quer compreender alguma coisa dos processos profundos que movem as forças que agitam a história deve analisar os traumas dos quais a história retira sua energia destrutiva.

A política, muito mais do que a busca por ideais e programas, é a construção de instituições que têm o objetivo de elaborar um trauma passado, evitando sua repetição.

Toda a retórica política pós-1945 é, no fundo, uma tentativa de fixar para sempre relações de poder e de garanti-las com instituições locais e internacionais capazes de impedir o retorno do horror.

No entanto, o problema de como elaborar o trauma passado nunca foi realmente enfrentado por nenhuma instituição. A política não possui instrumentos para essa elaboração, que, sozinha, poderia evitar que as condições de violência se repitam e que o trauma se reproduza.

A dor é o núcleo de toda essa cadeia, mas a política não sabe absolutamente o que fazer com a dor, não sabe nem falar sobre ela nem compreendê-la, e, sobretudo, não sabe como curá-la.

Na história da política, fala-se muito de justiça, de direito, mas não se fala de sofrimentos.

Só o cristianismo colocou a dor no centro de sua reflexão, só o cristianismo colocou em cena um deus que se torna homem e conhece a dor.

Para o Deus do Antigo Testamento, a dor não importa, aliás: quando pode, o Deus do Antigo Testamento se compraz com a dor dos homens.

A dor não tem nenhum sentido, como Jó aprende às suas custas. Nenhum sentido, exceto o de satisfazer o deus psicótico.

Não há razão na história.

A razão é apenas uma explicação superficial de interesses estruturais e de emoções profundas.

Os interesses, às vezes, transparecem no discurso da política, que constrói suas tramas para defender os interesses dominantes contra os interesses dos dominados.

Contudo, as emoções permanecem ocultas, ou são entregues à religião ou à psicanálise, que, no entanto, jamais se atrevem a meter o nariz em assuntos políticos.

Por isso, o trauma acaba por alimentar a cadeia infinita da vingança e da identificação da vítima com o carrasco.

> Eu e o público sabemos
> o que todas as crianças aprendem,
> aqueles a quem o mal é feito
> causam o mal de volta. [9]

A comparação entre Israel e o nazismo alemão provoca vertigem, a ponto de se tornar repugnância. É um tabu que não se ousa violar, porque violá-lo significa se expor a uma reação de censura moral.

No entanto, se não violarmos esse tabu, perderemos de vista uma coisa essencial para a compreensão histórica e, sobretudo, psicológica do que aconteceu na história passada e do que acontecerá na história futura de Israel, em sua relação com os palestinos e com o *front* dos humilhados que está emergindo no cenário global.

A identificação com o carrasco é um processo psíquico bem conhecido: toda criança maltratada, abusada, tende a reproduzir os comportamentos que a feriram, porque se inscreveram de forma indelével em sua mente em formação.

---

9. Wystan H. Auden, 1º de setembro de 1939. No original: *I and the public know/ What all schoolchildren learn,/ Those to whom evil is done/ Do evil in return.*

Da mesma forma, quem sofreu uma violência traumática pode ser levado (em alguns casos, é bom deixar claro) a se identificar com o autor da violência, pode desejar sua força e sua autoridade.

Mas, mesmo que queiramos evitar recorrer à psicanálise, há uma razão muito mais concreta pela qual muitas vezes nos identificamos com o carrasco, chegando a nos transformar, de fato, no próprio carrasco: a única maneira de se salvar da crueldade é sendo cruel.

Os israelenses, herdeiros das pessoas que sofreram o trauma, entenderam desde o princípio que a única maneira de se proteger do nazismo era adotar suas técnicas, adquirir sua crueldade.

Os sujeitos que na década de 1940 fundaram o Estado de Israel sabiam que teriam que enfrentar inimigos que haviam aprendido alguma coisa com o nazismo: por razões ligadas à luta contra o colonialismo britânico, o nacionalismo árabe teve uma proximidade declarada com o nazifascismo. Basta pensarmos no Partido Social Nacionalista Sírio, de Antun Saadeh, que acreditava que o maior mal do século XX era o internacionalismo. Seu partido, cuja bandeira continha uma suástica graficamente modificada, não é senão o exemplo mais claro da influência que o nazismo hitleriano teve sobre algumas correntes do nacionalismo árabe.

Por isso, a decisão de estabelecer um Estado nos territórios da Palestina expôs os israelenses desde o início ao dilema: sofrer a violência armada de quem (previsivelmente) não queria que um Estado sionista fosse constituído no território dos árabes palestinos, ou dispor de uma força suficiente para esmagar o nacionalismo árabe e subjugar a população palestina, retirando-lhe para sempre qualquer possibilidade de autodeterminação.

O sionismo não poderia escolher outro caminho senão o da força.

Sem o apoio dos países ocidentais, os sionistas jamais teriam conseguido se tornar a potência militar que se tornaram, mas essa preponderância militar do Estado de Israel empurrou os palestinos para a prática do terrorismo.

Somente uma opção internacionalista e pós-estatal poderia, portanto, ter evitado a guerra, mas o sionismo se originou justamente da rejeição da cultura internacionalista que havia sido majoritária na política judaica até os anos 1930, mas que não soube evitar o extermínio nazista.

A derrota do internacionalismo, antes de tudo na União Soviética de Stalin, é a origem da precipitação do confronto interminável entre o Estado de Israel em formação e os Estados árabes, assim como é a origem de toda e qualquer outra tragédia que devastou o mundo no século XX e, ainda mais catastroficamente, nas primeiras décadas do século XXI.

CONTÁGIO PSÍQUICO

Desde que a guerra começou, desde que o genocídio foi desencadeado, a psicanalista israelense Merav Roth tem tratado pessoas que sofreram o trauma do 7 de outubro, direta ou indiretamente. De acordo com o que foi relatado pelo *Haaretz*, em 27 de junho de 2024, a doutora Roth agora teme as consequências do desastre na vida social: o desejo de vingança, diz ela, é muito perigoso, e pode nos levar a não distinguir uma criança da milícia do Hamas.

O documentário *Born in Gaza*, de Hernán Zin, que pode ser encontrado na Netflix, narra a história de dez crianças entre seis e catorze anos durante a guerra de 2014, uma das muitas guerras que Israel travou contra os palestinos, e que os palestinos travaram contra Israel. Essas crianças falam sobre os bombardeios, os ferimentos que sofreram, o terror que vivem diariamente e a fome que sofrem. Dizem que suas vidas não são vida, que seria melhor a morte.

É provável que essas crianças, que eram crianças em 2014, hoje sejam militantes do Hamas, e que tenham participado da orgia de terror de 7 de outubro. Como não entender isso? Se eu estivesse no lugar delas, ao contrário de ser eu, ou seja, um velho intelectual branco que está escrevendo confortavelmente sentado em sua casa, numa cidade italiana na qual, por enquanto, não há bombardeios, se eu fosse uma delas, que eram crianças sob as bombas de 2014, hoje seria um terrorista que só deseja matar um israelense. Ficaria horrorizado?

Certamente que ficaria horrorizado. Mas meu pacifismo pacato é só um privilégio – um privilégio do qual posso usufruir porque não vivi minha infância em Gaza, ou num dos muitos outros lugares como Gaza.

Por isso, Israel só tem uma única forma de erradicar o Hamas: matar todos os palestinos que vivem em Gaza, nos territórios ocupados e também em outros lugares: todos, todos e todos, sobretudo as crianças.

Afinal, é isso o que estão fazendo, não? Chama-se genocídio, e totalmente racional. De fato, os racionalíssimos governantes europeus apoiam o genocídio.

Olaf Scholz disse que, como a Alemanha cometeu um genocídio no passado, é seu dever apoiar quem está cometendo um genocídio hoje. Parece que essa é a única maneira de obter perdão.

É a única maneira de erradicar o terrorismo, não?

Talvez houvesse outra maneira de erradicá-lo: a paz sem condições, a renúncia à vitória, a amizade, a deserção, a aliança entre as vítimas – as vítimas de Hitler e as vítimas de Netanyahu.

No entanto, esse é um propósito almejado por uma alma pura, um propósito baseado em sentimentos que só podem ser nutridos quando se está numa condição de privilégio. Na realidade, parece que só há vítimas que aspiram a se transformar em carrascos. E muitas vezes têm êxito.

Portanto, a espiral não vai parar, e não podemos prever qual turbilhão vai alimentar.

Há algo de monstruoso na mente dos palestinos que viveram no terror. E há algo igualmente monstruoso na mente dos israelenses.

Mas como podemos julgar o comportamento dos povos, como podemos julgar as explosões de violência que se multiplicam na vida coletiva?

O comportamento dos militantes do Hamas ou o dos israelenses deve ser analisado em termos éticos ou em termos políticos?

A razão ética está fora de jogo, porque a ética foi totalmente apagada do panorama coletivo de nosso tempo e da consciência da grande maioria da população.

Ética é a avaliação da ação do ponto de vista do bem do outro como continuidade de si mesmo. Porém, nas condições de guerra generalizada em que se move a humanidade sobrevivente ao humano, o outro é: desde que não seja o inimigo. Esse é o efeito combinado da infecção liberal-competitiva e da infecção nacionalista: a defesa do território físico e imaginário se transforma em guerra.

A ética morreu, e a piedade morreu com ela. Não há ética no comportamento dos jovens que cresceram na prisão de Gaza, porque sua mente não consegue considerar o outro (o soldado israelense que te espera com a arma apontada a cada esquina de rua) senão como carcereiro, torturador e inimigo mortal. Cada fragmento (povo, etnia, máfia, organização, partido, família e indivíduo) luta desesperadamente por sua sobrevivência, como lobos que lutam entre si. O videogame nos instrui a competir em condições de guerra onipresente hiper-veloz: a batalha real se torna realidade.

Como a razão ética, também a razão política perdeu relevância numa situação em que a decisão estratégica foi substituída por microdecisões de sobrevivência imediata.

Israel reage à violência brutal do Hamas de uma maneira que pode ser militarmente eficaz ou não, mas certamente não é eficaz do ponto de vista político.

O grupo dirigente de Israel é um grupo de mafiosos corruptos que, há anos, fazem espetáculo com seu cinismo e oportunismo. Após o 7 de outubro, depararam-se com uma situação que nem sequer haviam imaginado, embora tivessem se preparado cuidadosamente para ela. Os fascistas israelenses, como Netanyahu, Ben-Gvir e Smotrich, souberam rapidamente transformar o massacre de seus concidadãos numa oportunidade para fortalecer seu poder e expandir seus territórios.

No entanto, diante de tal massacre, a maioria dos israelenses perdeu a cabeça. Mantiveram intacta sua capacidade técnica de extermínio, mas perderam o senso de pertencimento ao gênero humano, o senso de *pietas*, ou melhor, o sentimento de empatia sem o qual todo crime é legitimado porque seu horror não é percebido.

Tudo no comportamento dos israelenses prova que está em curso uma crise psicótica que tem feito e ainda faz muito mal aos palestinos, mas que também fará muito mal aos israelenses.

A CADEIA DA VINGANÇA

Do ponto de vista ético, Israel esqueceu há muito tempo, na verdade desde o início de sua existência como Estado nacional, que o outro tem a mesma humanidade, a mesma sensibilidade e, naturalmente, os mesmos direitos que ele possui.

> Não tem olhos um judeu? Não tem mãos um judeu? Não tem órgãos, corpo, sentidos, sentimentos e paixões? Não é alimentado pelo mesmo alimento, não ferido pelas mesmas armas, sujeito às mesmas doenças, curado pelos mesmos remédios, aquecido e resfriado pelo mesmo inverno e pelo mesmo verão, exatamente como um cristão? Se nos picam, não sangramos? Se nos fazem cócegas, não rimos? Se nos envenenam, não morremos?

William Shakespeare escreveu tal passagem em *O mercador de Veneza*.[10]

A pertença nacional apagou para os israelenses a pertença ao gênero humano. Isto é compreensível, visto que, no século passado, a humanidade não protegeu os judeus da brutalidade nazista.

Não podemos explicar essa guerra em termos políticos, mas apenas como efeito de uma psicose que não soubemos curar.

O que acontece agora no Oriente Médio não é senão o último elo de uma cadeia que começa com a Primeira Guerra Mundial, a derrota dos alemães, e a punição infligida ao povo alemão pelos franceses e ingleses no Congresso de Versalhes, em 1919. A opressão e a humilhação empurraram o povo alemão a buscar vingança: esse desejo de vingança se encarnou em Adolf Hitler. Os judeus foram as vítimas escolhidas, acusados sem razão de terem provocado a derrota de 1918. A perseguição e o extermínio dos judeus nos anos da Segunda Guerra Mundial provocaram um sofrimento

---

10. William Shakespeare, *Il mercante di Venezia*, trad. Dario Calimani. Veneza: Marsilio, 2016, pp. 143–145.

imenso e duradouro que buscou alívio na criação de um Estado criminoso que, como primeira ação, desencadeou a vingança contra um povo que nada tinha a ver com o Holocausto, mas que era suficientemente fraco para se tornar a vítima da vítima.

A humilhação sofrida pelas mãos dos nazistas exigia uma compensação psíquica, e essa compensação é a perseguição e o extermínio do povo palestino. A experiência que o povo palestino está sofrendo mostra que a cadeia da vingança não pode ser interrompida. Se dois séculos de racionalismo universalista não a interromperam, talvez devamos concluir a partir disso que a ferocidade não pode ser domada pela razão.

Acredito que Israel não sairá desse teste: o povo de Israel já estava irremediavelmente dividido, e como podemos pensar que a dialética política poderá continuar normalmente no Estado de Israel?

A direita abertamente racista de Israel está destinada a se fortalecer graças a essa radicalização militar e política.

Acredito que Israel se encaminha para a desintegração. Quantos israelenses desejarão permanecer nesse deserto, agora que é evidente que Israel não é, de forma alguma, um lugar seguro para os judeus, mas, pelo contrário, é o lugar mais perigoso do mundo para eles?

Quantos israelenses desejarão ficar nesse lugar, depois do que está acontecendo e do que acontecerá? Só os armados, os que estão prontos para matar e desejam matar, permanecerão.

Israel é um monstro destinado a se tornar cada vez mais monstruoso. Não é apenas o fato de lidar com o turbilhão de ódio que a guerra alimenta, mas também com o sentimento de culpa por se terem transformado em autores de um genocídio certificado.

Tudo isso a política não poderá governar nem compreender.

O DESESPERO

Os jovens de todo o mundo reagiram ao genocídio israelense com o espanto de quem não acreditava ser possível tamanho espetáculo de horror, e com a raiva de quem não consegue deter a mão de um agressor que perdeu a razão, que não entende a linguagem humana porque está possuído pela ferocidade.

Israel perdeu o apoio e a compreensão de uma geração inteira; para essa geração, a palavra *sionismo* significará para sempre o que, para minha geração, significou a palavra *nazismo*.

A face democrática, empresarial e tecnológica que Israel sempre tentou apresentar aparece hoje devastada para sempre. A democracia sempre foi uma ilusão no caso de Israel, já que fundada no apartheid, na discriminação e na submissão de uma parte da população. No entanto, a atratividade do país se baseava na vitalidade econômica, empresarial e tecnológica. Após o genocídio, será difícil a manutenção dessa vitalidade. Não tanto porque o esforço bélico e o isolamento tenham atingido a economia, mas porque se tornou evidente que esse país só poderá sobreviver em condições de isolamento, cercado, em perigo, e porque a sociedade israelense está cada vez mais desintegrada e dominada pelos saqueadores armados por Bezalel Smotrich, colonos aos quais nada importa a democracia.

A onda de protestos pró-Palestina, especialmente nos campi estadunidenses, mostrou fortes elementos de analogia com o que aconteceu em 1968, na época da guerra suja que o imperialismo norte-americano desencadeou contra o povo vietnamita. Mas a coisa mais importante não é a semelhança dos comportamentos estudantis, e sim a diferença de contexto e as diferentes expectativas dos estudantes de hoje em relação aos de então.

Após o início da vingança genocida israelense, a maioria dos jovens tomou o lado das vítimas palestinas. Em todos os lugares, nas redes sociais, nas ruas, nas universidades e nos muros das cidades ao redor do mundo, as palavras *Free Palestine* foram repetidas um bilhão de vezes.

Era uma resposta ética ao racismo e ao colonialismo sionista. Do ponto de vista ético, a ruptura que estamos acompanhando nesses meses, entre as forças da supremacia branca e o resto da humanidade, é irreversível.

Porém, a maioria ética não conseguiu se tornar uma força política.

Por quê?

Quando nos manifestávamos contra a guerra no Vietnã, esperávamos uma inversão das relações de força entre o imperialismo e o movimento anti-imperialista. A identificação com o vietcongue implicava uma identificação com o socialismo, com uma possível emancipação.

Era em parte uma ilusão, isto é certo, mas o movimento que saiu às ruas pelo Vietnã se identificava com uma possibilidade de mudança positiva nas relações sociais, e com a possibilidade de derrota do imperialismo.

Podemos dizer o mesmo sobre a atual identificação com a Palestina? Acredito que não. Os estudantes que protestam e agem contra o genocídio israelense-americano certamente não se identificam com o Hamas nem com o islamismo. Da resistência palestina não se espera um futuro brilhante, um futuro socialista, nem qualquer tipo de emancipação social. O obscurantismo da cultura que domina os países islâmicos não pode, de maneira alguma, ser compartilhado pelos movimentos estudantis, muito menos pelos movimentos feministas, que também se mobilizaram massivamente contra o genocídio, gerando escândalo na imprensa ocidental, como se o fato de protestar contra um genocídio significasse compartilhar todas as razões políticas daqueles que são alvo do extermínio.

Mas, se não podemos confundir o protesto com uma identificação com os conteúdos culturais e políticos do Hamas ou de outros movimentos islamistas, então que tipo de identificação, que tipo de expectativa podemos ver na atual onda de protestos?

Para mim, parece que os estudantes manifestantes se identificam com o desespero. O desespero é o traço psicológico e cultural que explica a vasta identificação com os palestinos. Quem quer que hoje seja motivado eticamente, quem quer que tenha mantido sentimentos humanos, está desesperado. Quem não se transformou numa fera está desesperado.

Acredito que a maioria dos estudantes de hoje vislumbra, consciente ou inconscientemente, uma deterioração das condições de vida, uma mudança climática irreversível, um longo período de guerra e um risco de precipitação nuclear a partir dos conflitos em curso.

Aí está, a meu ver, a principal diferença em relação ao movimento de 1968: nenhuma reversão das relações de força à vista, nenhuma emancipação imaginável, nenhuma paz duradoura é possível.

A esperança está destituída de qualquer fundamento.

O desespero é o único sentimento humano.

O FUTURO É A GUERRA

Em Gaza, está acontecendo o primeiro ato de uma guerra mundial que o supremacismo branco em declínio desencadeou contra a humanidade.

Em Gaza, está se repetindo um genocídio inspirado, quase sempre de forma declarada, no genocídio cometido pelos colonos europeus contra as populações das regiões norte-americanas.

Os europeus mataram mulheres e crianças, incendiaram as tendas dos indígenas das pradarias norte-americanas, destruíram seus meios de subsistência, famigeraram, estupraram e arrancaram a vida até suas raízes, para que as terras pudessem se tornar o que se tornaram: a sede de uma civilização estruturalmente psicótica, perseguida pela maldição da violência de todos contra todos, afetada por uma loucura incurável que, finalmente, está se voltando contra si mesma, e que, com grande probabilidade, conduzirá toda a humanidade ao fim mais trágico.

Do genocídio colonialista germinou uma civilização que multiplicou por mil o poder das armas de extermínio, mas que destruiu a humanidade e a razão, precipitando-se num vórtice suicida que tende a arrastar suas vítimas para o abismo.

Após 1945, ao final da guerra, alguém disse: nunca mais. A resistência antifascista, os organismos internacionais de paz, os intelectuais judeus sobreviventes do Holocausto disseram: *Nie Wieder*, nunca mais.

Tal promessa, agora, está apagada, pisoteada e esquecida.

Nie Wieder é agora, em Gaza. E desta vez ninguém poderá mais remediar, nem prometer, porque desta vez o fracasso é definitivo e irreparável.

Em 1945, apesar da morte de dezenas de milhões de pessoas (jamais saberemos realmente quantas), havia a energia de uma sociedade jovem e a confiança num futuro ainda possível, um futuro de democracia, ou de socialismo, ou de paz e respeito pelos direitos humanos.

Hoje, a civilização branca, senil e moribunda, em declínio, se esqueceu de todas as suas promessas. Um Alzheimer sistêmico se apoderou do cérebro dos europeus, guiados por uma classe dirigente sem cultura e sem dignidade, que empurra os ucranianos para uma guerra devastadora, enquanto proíbe protestos contra o genocídio israelense.

A civilização senil branca dispõe da imensa potência das armas de alta tecnologia, e com essa potência os exterminadores brancos – israelenses, norte-americanos, russos, europeus – acreditam que podem adiar sua própria morte.

Donald Trump é o talismã por meio do qual a cultura branca tenta afastar sua agonia, lançando morte e terror contra todos os que não pertencem à tribo dos exterminadores.

Em *Bug Jack Barron*, romance de 1969, Norman Spinrad narra uma América futura em que se criam crianças para extrair o sangue delas, com o qual será possível rejuvenescer os transumanos.

Netanyahu, Macron, Trump, Biden, Putin e Zelensky acreditam que fazem parte do romance, acreditam que o sangue de cem mil crianças palestinas possa lhes devolver o vigor perdido.

Isso não acontecerá.

Eles também morrerão, mas antes de suas mortes podem usar as armas de que dispõem, armas capazes de apagar do planeta toda e qualquer marca de civilização humana, e talvez até de vida.

Não temos a força necessária para deter o Holocausto.

No entanto, podemos e devemos testemunhar que estamos ao lado dos colonizados de todo o mundo, mesmo que não tenham uma estratégia política comum, e podemos e devemos desertar da guerra para a qual os novos Hitlers estão nos arrastando.

Nas trevas

> Imagine-se, agora, um homem privado não apenas dos seres queridos, mas de sua casa, seus hábitos, sua roupa, tudo, enfim, rigorosamente tudo que possuía; ele será um ser vazio, reduzido a puro sofrimento e carência, esquecido de dignidade e discernimento – pois quem perde tudo, muitas vezes perde também a si mesmo; transformado em algo tão miserável, que facilmente se decidirá sobre sua vida e sua morte, sem qualquer sentimento de afinidade humana.[1]
>
> *É isto um homem?*
> PRIMO LEVI

"Essa gente merece morrer, merece uma morte dolorosa, uma morte atormentada, e, em vez disso, lá estão eles se divertindo na praia", escreve o senhor Shlezinger, depois de ter visto a foto de dois palestinos se banhando no mar de uma praia em Gaza.

Esse homem é correspondente para assuntos religiosos do *HaYom*, jornal israelense de direita de grande circulação. "Precisamos de muito mais vingança, um rio de sangue de palestinos", prossegue.

Num artigo publicado no *New York Times*, cujo título é "The View Within Israel Turns Bleak", Megan K. Stack escreveu: "Seria bom se o senhor Shlezinger fosse uma figura marginal ou se os israelenses ficassem escandalizados com suas fantasias sanguinárias. Mas, infelizmente, não é assim".[2]

---

1. Primo Levi, *É isto um homem?* op. cit., 1988, p. 33.
2. Megan K. Stack, "The View Within Israel Turns Bleak" [A visão dentro de Israel se torna sombria], *The New York Times*, 16 de maio de 2024.

O artigo de Megan Stack está repleto de informações que eu definiria como chocantes, se já não estivéssemos habituados ao horror: "Numa pesquisa realizada em fevereiro, a maior parte dos israelenses se opõe ao envio de comida e remédios para Gaza".[3]

Megan Stack relata que alguns rappers, muito ouvidos pelos jovens israelenses, clamam pelo aniquilamento e pregam que não haverá piedade para *os ratos*: eles serão *exterminados em suas tocas*.

Muitas lojas exibem produtos com a frase: *Finish them* [Acabem com eles].

Da mesma forma, Nikki Haley (importante representante do Partido Republicano norte-americano) escreveu as mesmas duas palavras numa bomba destinada a matar crianças palestinas. Tradução literal: EXTERMINEM-OS.

Como é possível que Israel tenha se tornado o refúgio de um povo de assassinos ferozes e sedentos por morte? Israel nem sempre foi assim, embora a entidade estatal, concebida pelos sionistas, protegida pelos ingleses e pelos norte-americanos, tenha nascido como um corpo estranho e hostil que, desde 1948, gera violências incessantes.

Por mais que os sionistas bem-intencionados, os que sonhavam para Israel a paz e colaboração com os palestinos, digam o contrário, o Estado de Israel foi desde o início uma construção artificial que somente a violência armada poderia sustentar. Desde que as comunidades judaicas que chegaram pacificamente à Palestina, e (nem sempre) foram pacificamente recebidas pelos habitantes locais, decidiram ser fortes o suficiente para fundar um Estado exclusivo para os judeus, a guerra se tornou inevitável e interminável. No entanto, foi apenas nos últimos anos que esse estado abusivo e violento se transformou totalmente numa máquina de extermínio que, após o 7 de outubro, mostrou seu rosto repugnante, que agora todos, absolutamente todos, observam no mundo com horror.

É claro que estamos lidando com um colapso psicótico compartilhado por toda uma população, um colapso que, a meu ver, prefigura a desintegração da entidade sionista.

3. *Ibid.*

O colapso depende, antes de tudo, da atrocidade do ataque de 7 de outubro, que, em sua crueldade, forçou os israelenses a entenderem que o sonho de poder viver em paz ao lado do inferno de milhões de pessoas era um sonho maligno e impossível de ser realizado.

Agora parece evidente que tal lugar, no qual os europeus conseguiram aprisionar os judeus depois de tê-los exterminado nos anos 1940, e depois de tê-los iludido com a ideia de poder protegê-los indefinidamente, longe de ser um lugar seguro, é para os judeus o lugar mais perigoso do mundo. É uma armadilha: a continuidade da máquina de morte que o nazismo construiu para os judeus da Europa.

Nesse sentido, o sionismo é, da mesma maneira, a continuação da Solução Final concebida pelos nazistas.

Após o 7 de outubro, o supremacismo branco e sionista se vê diante de um mundo sedento de vingança que está se tornando cada vez mais ingovernável.

Torna-se realista a hipótese de que a supremacia branca tem seus dias contados, porque o mundo dominado dispõe da inteligência técnica necessária para construir os mesmos instrumentos de morte dos quais o Ocidente dispõe, e está, de fato, adquirindo todos os instrumentos técnicos necessários para atacar a cidadela colonialista sitiada, e, por fim, porque o véu da repressão agora foi rasgado. Para sempre.

Com a expressão *instrumentos técnicos*, refiro-me, obviamente, às armas, incluindo a arma nuclear, que não é mais exclusividade das grandes potências brancas – Estados Unidos e Rússia –, mas também é propriedade de países do Sul global, começando pela Coreia do Norte, o Paquistão, a Índia e, naturalmente, a China.

A proliferação nuclear é o mais grave entre todos os perigos para o futuro da humanidade (talvez ficando apenas atrás das mudanças climáticas). O fato de que o conhecimento técnico não é mais sequestrado pelos predadores torna sua superioridade cada vez mais frágil, e a questão palestina é o termômetro dessa inversão das relações de poder em nível planetário.

Olhemos o mapa geográfico: veremos quais são os países que reconhecem o Estado palestino e quais os que não o reconhecem, e teremos uma prova de que os sionistas brancos são uma minoria cercada.

Os sitiados estão hiperarmados, mas essa superioridade militar é a única que lhes resta. Trata-se de uma superioridade que não durará para sempre, na verdade, já está em declínio, visto que o Ocidente está sendo derrotado na Ucrânia, e os Estados Unidos, mais uma vez, abandonam seus aliados depois de tê-los empurrado para o abismo, mostrando ser o aliado mais traiçoeiro do mundo. Por isso, a guerra na Ucrânia é tão perigosa, e continuará sendo, apesar da traição dos norte-americanos e do pânico que está tomando conta dos europeus.

Essa guerra é perigosa porque nela está em jogo o tudo ou nada, e o tudo ou nada é nuclear.

MAS QUEM É ESSE TAL AMALEQUE?

Num de seus discursos, Netanyahu citou Amaleque, personagem bíblico que aparece nas canções dos rappers nazi-sionistas, mas também nos delírios neobíblicos que circulam no discurso público israelense.

Mas quem é esse tal Amaleque?

Quando os judeus se libertaram da escravidão que haviam sofrido por muitas gerações no Egito, guiados por Moisés, dirigiram-se para a terra prometida, mas foram atacados pelos amalequitas, uma tribo que havia se estabelecido no deserto do Neguev, quando da ausência dos judeus.

Amaleque era neto de Esaú, inimigo feroz de seu irmão Jacó por causa de questões de herança ordinárias. Além disso, ele era o chefe, o patriarca e o satanás que liderava a tribo.

A Bíblia fala sobre ele, este livro assustador que sempre contribuiu para moldar a mente ocidental, segundo os padrões de uma obsessão homicida.

O mitologema de Amaleque está sempre presente no fundo da história judaica, uma projeção imaginária que se encarna na pessoa dos perseguidores do povo judeu, do imperador Tito ao general polonês Chmielnitzki, de Hitler a Sinwar, chefe da milícia do Hamas.

Nomear Amaleque é perigoso, e não devemos fazer isso levianamente. Escreveu a respeito dele Riccardo Paredi, estudioso da Universidade Americana de Beirute:

> Na história de Amaleque, logo se destaca um primeiro aspecto realmente singular. Como se lê também na passagem citada por Netanyahu, a Bíblia hebraica ordena por duas vezes aos israelenses que *apaguem* a memória[4] de Amaleque. O *tropo* bíblico de *lembrar* – especialmente de transmitir um ensinamento divino de geração em geração – é bem conhecido (o imperativo *zachor* aparece 169 vezes na Bíblia hebraica). E é uma lembrança paradoxal. Com tal comando, "a incongruência é inevitável": não se esqueça de apagar a memória de seu inimigo. Lembre-se de esquecer. Mas como esquecer uma coisa que foi ordenada a ser lembrada? E por que Deus garante o apagamento da memória de Amaleque, enquanto Moisés fala de um Deus que lutará contra Amaleque geração após geração?[5]

O Estado de Israel foi fundado desde o início sobre a obsessão vingativa da memória. Naturalmente, o mesmo poderia ser dito de qualquer Estado nacional, porque as nações sempre nascem de uma deformação obsessiva da memória, mas no caso de Israel, a obsessão bíblica do *zekher* se fundiu com a modalidade psicótica de elaboração do trauma do Holocausto.

Em 2018, o Estado secular de Israel se transformou no *Estado dos judeus*: o nacionalismo e o fundamentalismo se tornaram forças de governo, levando à realização da lenta transformação sociocultural da população israelense: desde os anos 1990, muitos intelectuais, estudantes e muitas pessoas orientadas de maneira laica ou socialista abandonaram o país, sendo substituídas por uma massa proveniente dos países do bloco soviético em

---

4. Em hebraico, *zekher*.
5. Riccardo Paredi, "*Lembre-se de esquecer Amaleque*, a justificativa bíblica do genocídio em Gaza", *Invictapalestina*, 30 de julho de 2024.

colapso, que tinha o objetivo de ocupar terras sem se preocupar com os dilemas de consciência que acompanharam os judeus vindos da Europa na primeira metade do século.

Além disso, os cidadãos israelenses mais fanáticos têm muitos filhos, enquanto os que não são obcecados pela identidade têm poucos. É por isso que Israel, de um Estado originalmente colonial, se transformou no monstro nazista que o mundo viu em ação nos últimos meses.

Após o assassinato de Yitzhak Rabin por um colono extremista, após a provocação de Ariel Sharon, que em 2000 reivindicou a soberania israelense sobre a Esplanada das Mesquitas, por meio de um passeio nada pacífico, Israel se transformou de tal maneira que parece irreversível.

Netanyahu é o produto dessa mutação e, ao mesmo tempo, é a expressão mais clara do cinismo que nasce da fusão do colonialismo racista com o fundamentalismo religioso. Nesse contexto, é necessário entender a linguagem com a qual Netanyahu jogou gasolina no fogo de 7 de outubro, consciente de que, ao intensificar a guerra, poderia adiar o momento do acerto de contas diante dos juízes e diante do mundo.

Escreve ainda Riccardo Paredi: "Interpretando o comando divino de maneira literal e fundamentalista, como faz Netanyahu, o *apagamento da memória* de Amaleque debaixo do céu, sob pena de sua própria derrota, é uma obrigação divina. Em termos modernos, Deus ordena que se cometa um genocídio".[6]

Como o Estado de Israel nasce da hipertrofia da memória, não pode deixar de reconhecer no outro sempre a figura de Amaleque, e não pode, a longo prazo, sobreviver sem exterminar os palestinos, filhos de Amaleque.

Quem quer que desaprove o funcionamento do Estado de Israel é Amaleque, ou seja, o inimigo dos judeus.

---

6. *Ibid.*

"Amaleque odeia os judeus e, se for habilidoso, transforma o ódio em simples desaprovação, em crítica política, cultural ou religiosa. O ódio se disfarça de pacifismo, de defesa dos direitos humanos, de neutralidade. Torna-se um circuito fechado."[7]

Os palestinos são a última e mais recente encarnação dos amalequitas. Pois, assim como eles, aproveitaram-se da ausência (bimilenar) dos judeus para ocupar uma parte de sua terra.

Em nome da memória, ou melhor, em nome do mito, o sionismo exigiu que esses amalequitas fossem expulsos, não reconhecendo sua existência. Como efeito do delírio mitológico transformado em direito histórico, eles foram removidos, apagados, escondidos atrás de um muro, internados em campos de concentração e eliminados com armas de fogo.

No entanto, em 7 de outubro, o recalcado retornou à cena, e agora, qualquer que seja o acontecimento, não poderá ser apagado novamente.

Mas, a menos que conduza o genocídio à perfeição, eliminando fisicamente alguns milhões de pessoas, Israel não conseguirá vencer, visto os pressupostos com os quais Netanyahu iniciou a guerra de Gaza, que não é uma guerra, mas um genocídio (por enquanto não levado a cabo).

Portanto, acredito que o fim de Israel já começou, o que pode ser muito doloroso, a ponto de abrir as portas para o extremo perigo, porque o mundo jamais esquecerá a arrogância desumana do genocídio do qual se mancharam e que os torna semelhantes aos nazistas hitlerianos.

O LOBO NÃO MORREU

Com o objetivo de defender a entidade sionista colonialista e racista, os israelenses cometeram outra infâmia que talvez seja para eles a mais fatal. Fizeram alianças com os piores antissemitas da história, racistas cristãos da direita republicana

---

7. Riccardo Paredi, "Quem é Amaleque?", disponível no site: *www.cabala.org/articoli/amalek.htm*.

norte-americana, fascistas europeus e tantos outros. Juntos banalizaram a acusação de antissemitismo, usaram essa acusação gravíssima como uma arma, uma chantagem e um insulto de bar.

Chegaram a acusar de antissemitismo o juiz da Corte Internacional de Justiça, chegaram a acusar de antissemitismo intelectuais judeus que protestavam contra o genocídio.

Não deveriam ter feito isso, porque não é prudente gritar *olha o lobo, olha o lobo,* quando o lobo não está em cena. Os estudantes que agitavam a bandeira palestina nas universidades norte-americanas não são o lobo (muitos deles são judeus).

Mas isso não quer dizer que os lobos tenham desaparecido e que nunca mais voltarão à cena.

O lobo se vestiu com roupa de grife, usa gravata, esconde-se entre os republicanos trumpistas que gritam *viva Israel*, entre os fascistas italianos que mandam a polícia espancar os estudantes pró-Palestina, entre os descendentes franceses de Pétain.

No entanto, como diz o provérbio, o lobo perde o pelo mas não perde o vício, e o antissemitismo está destinado a ressurgir cedo ou tarde.

É fácil prever que a desumanidade do comportamento israelense vai gerar uma onda de ódio que, no momento, se manifesta nas formas de protesto pacífico, mas amanhã poderá se transformar numa nova perseguição aos judeus.

Israel é a criação de um grupo de sionistas de pouca visão, mas, acima de tudo, é a criação dos europeus que aproveitaram a oportunidade oferecida pelos sionistas para se livrarem dos judeus. Depois de terem matado seis milhões, os europeus então fingiram que eram seus amigos e os vomitaram para fora da Europa.

Vomitaram não é um termo usado por mim, mas por Amós Oz, que em *De amor e trevas* escreveu: "pelo menos restava o consolo de que, se os árabes não queriam nos ver por aqui, os povos europeus também faziam questão de não nos ver por lá, voltando à Europa para enchê-la novamente de judeus, e considerando que os povos europeus eram muito mais poderosos do que os árabes, quem sabe ainda não restava uma chance de continuarmos por aqui. Iriam obrigar os árabes a engolir o que a Europa queria vomitar".[8]

Então, eles os vomitaram para fora e os enviaram para um deserto cheio de perigos.

Os judeus vomitados pelos europeus serviram como um posto avançado ocidental na região que há décadas fornece petróleo para o mundo inteiro. No entanto, o ódio suscitado por Israel, com essa externalização do trauma sofrido, poderia alimentar uma verdadeira onda de antissemitismo, e então o jogo poderia mudar, e os fascistas europeus e os trumpistas norte-americanos poderiam se cansar de ter que defender esses judeus que, na realidade, jamais deixaram de odiar.

E então será inútil gritar *olha o lobo, olha o lobo*.

GAZA É AUSCHWITZ COM CÂMERAS

Auschwitz foi o exercício científico de todas as técnicas voltadas para o extermínio. Foi uma tortura prolongada e ininterrupta, com o uso sistemático do terror contra uma população de prisioneiros que não tinha nenhuma chance de fuga. Foi o desencadeamento de um poder de fogo gigantesco contra uma população indefesa, desarmada e nua. Foi a busca intencional de um genocídio, o assassinato sistemático de inocentes, mulheres e crianças.

O que os israelenses estão fazendo em Gaza, o que os israelenses têm feito há décadas em todo o território da Palestina, tem a mesma qualidade de crueldade e precisão científica que teve o extermínio de oitenta anos atrás. Tudo o que foi dito e escrito sobre Auschwitz pode ser dito e escrito sobre Gaza.

O cerco produz fome, sede e falta de tudo o que é indispensável para a sobrevivência. Os bombardeios causam terror ininterrupto em pessoas inocentes que correm de um lado para o outro sem saber onde podem encontrar abrigo.

---

8. Amós Oz, *De amor e trevas*, trad. Milton Lando. São Paulo: Companhia das Letras, 2005, p. 383.

Discriminação étnica, deportação, tortura e extermínio: tudo isso define o nazismo hitleriano, e tudo isso encontramos pontualmente no comportamento do Exército israelense.

A população inteira de Israel (com pouquíssimas exceções) participou do extermínio dos palestinos, assim como a população inteira da Alemanha (com pouquíssimas exceções) participou do extermínio dos judeus. No entanto, não são dois eventos identificáveis, porque entre eles há uma enorme diferença. A diferença entre Auschwitz e Gaza está no caráter público, orgulhosamente ostentado, do Holocausto infligido aos palestinos. A lição que os nazistas de Sião estão dando ao mundo é que não há nenhuma maneira de defender nossa vida, as vidas de pessoas próximas a nós e de nossos filhos contra a violência ilimitada de um Estado que, nascido como Estado colonial, posto avançado do imperialismo ocidental, faz uso sistemático das técnicas de limpeza étnica, apartheid e deportação em massa.

Gaza não é como Auschwitz, porque naquele vilarejo polonês não havia câmeras, enquanto hoje a humanidade inteira está sentada em suas salas e observa na tela seu futuro antecipado pelo presente de Gaza e Beirute.

Agora temos que refletir sobre o efeito que essa ostentação do horror produzirá na mente coletiva da geração que está crescendo, na mente dos jovens que assistem todos os dias à tortura e às mutilações que Israel impõe aos seus coetâneos palestinos.

Houve um tempo em que, quando falávamos de contrainformação, quando montávamos rádios e sites para denunciar o mal, acreditávamos que mostrar a violência e denunciar os assassinos poderia ajudar a isolá-los, envergonhá-los e, no final, poderia ajudar a reduzir o crime.

Agora me dou conta de que a visibilidade do mal não traz necessariamente o bem.

Algum tempo atrás, estávamos convencidos (com alguns lampejos de dúvidas) de que, se mil jornalistas de rua pudessem testemunhar com palavras e imagens as brutalidades da polícia, as torturas infligidas aos imigrantes, ou a violência israelense contra os palestinos, então seria possível limitar o arbítrio policial (e o poder em geral). O que aconteceu é muito mais complexo, mas, em certos aspectos, é o oposto do que esperávamos.

A violência se tornou visível, mas essa visibilidade funciona de maneira dupla: por um lado, provoca horror, por outro, espalha o sentimento de impotência a ponto de induzir a identificação com o agressor.

A orgia de horror nas telinhas e telonas que nos perseguem em todos os lugares, a todo momento do dia e da noite, produz, entre outras coisas, uma espécie de niilismo visual: familiarização estética com o horror.

Está ficando cada vez mais difícil distinguir ficção de realidade. A realidade do genocídio tem a mesma qualidade visual dos espetáculos de horror aos quais a nova geração tem sido exposta desde a mais tenra infância. Que tipo de panorama interior está sendo formado na mente dessa geração desgraçada?

Reencenar o extermínio é a pulsão fundamental do povo israelense. Hoje, essa identificação se multiplica, e todos sabem que é melhor estar do lado do exterminador do que do lado do exterminado.

A onda sombria que está se espalhando pelo mundo e ameaça desencadear uma espécie de guerra civil de todos contra todos prosperou com a proliferação das imagens, porque a hipermidiatização acelerou o ritmo do estímulo informativo, tornando a sociedade incapaz de reagir, visto que está presa numa espécie de pânico generalizado. No pânico, o organismo coletivo se agarra à segurança identitária, que, no entanto, é completamente artificial, pois na vida metropolitana não há mais comunidade, não há mais povo, não há mais identidade, a não ser reativa e fictícia.

A única coisa que realmente existe, o único sentimento que persiste no coração de quem cresceu com o horror nos olhos, é o desespero de um organismo moribundo que busca consolo no ritual coletivo de ódio.

COLAPSO, PÂNICO

O evangelismo latino-americano, o trumpismo, o brexitismo, o putinismo, os vários miseráveis nacionalismos europeus são a lama subcultural que tende a prevalecer em todos os lugares. A cultura do mundo branco é representada por desequilibrados instigadores da guerra, como Bernard Henry Lévy ou Eduard Limonov, irmãos gêmeos no ódio ignorante e presunçoso.

A reação da civilização branca senil é histérica, como a reação de uma besta moribunda que ainda pode matar, porque, embora seja flácida e demente, dispõe de tecnologias de destruição absoluta.

A epidemia de Covid-19 modificou profundamente o quadro psíquico global: a civilização ocidental envelhecida ficou temerosa de perder o controle de seus próprios movimentos e seu instinto de sobrevivência fortaleceu a infraestrutura tecnomilitar que garante sua sobrevivência e, cada vez mais fraca, sua hegemonia.

Na fase derradeira da epidemia, quando o biovírus recuou, explodiu o psicovírus: a guerra se espalhou por cada canto da existência planetária.

Em *Mil platôs*, Deleuze e Guattari definem sinteticamente o fascismo como uma situação em que a guerra está em todos os nichos.

Portanto, podemos dizer que a humanidade entrou numa espécie de tecnofascismo que se manifesta biopoliticamente como extermínio sem limites.

A guerra na Ucrânia e o genocídio israelense mostram que nenhuma defesa racional, nenhuma instituição de garantia pode resistir à proliferação do vírus fascista, quando é injetado no organismo coletivo pela guerra.

Moshe Dayan disse, em 1967, que Israel deveria agir como um cão louco, para que seus inimigos saibam que suas ações hostis receberão uma resposta desmesurada: uma estratégia que expande infinitamente o bíblico *olho por olho*.

Atacar escolas, hospitais: matar, matar e matar.

Eles sabem matar, isso já entendemos, mas agora me pergunto se os líderes de Israel se dão conta dos efeitos que esse tsunami de horror, derramado por eles na midiasfera, terá na psicosfera global.

Meses e meses de horror ininterrupto apagaram, na psique coletiva, o horror de 7 de outubro, e depois criaram as condições para uma mutação monstruosa da percepção de Israel por parte da mente planetária.

Por meio de um olhar clínico, os israelenses em sua grande maioria hoje parecem psicopatas que perderam toda inibição moral e, portanto, são perigosos para todas as pessoas, mas também para si mesmos e para qualquer um que confie neles, para qualquer um que, de alguma forma, tenha entregue a eles seu destino.

Todo o Ocidente, por razões nada nobres (o sentimento de culpa ligado ao Holocausto que se transformou numa identidade negativa da Europa), entregou a Israel seu destino.

Houve outros massacres no passado, e continuam a existir tantos outros no presente – os de Daesh e de Bashar al-Assad na Síria, os provocados no Iraque pelo fósforo branco dos norte-americanos, o que está acontecendo no Sudão ou em Mianmar etc. Mas nenhuma das inúmeras explosões de violência havia ocupado de forma tão ampla a midiasfera e, consequentemente, a psicosfera de todo o planeta.

Quais consequências os vingadores israelenses esperam do espetáculo que estão nos oferecendo, além do improvável aniquilamento do Hamas?

É possível exibir nas telas de todo o planeta o corpo torturado de uma inteira população sem suscitar o ódio em todos os que não fazem parte da minoria supremacista?

Ninguém sabe como a situação político-militar irá evoluir, mas podemos supor que os Estados árabes, muito mais atentos aos bolsos das elites nacionalistas do que à solidariedade islâmica, continuarão com suas hipócritas condenações, sem renunciar aos negócios e acordos com Israel. Não é esse o preço que Israel pagará. O establishment ocidental e o establishment árabe não romperão com a entidade sionista.

O preço que Israel pagará é sua desintegração moral, ou melhor, sua desintegração psíquica. A classe dirigente de Israel está imersa no cinismo, na arrogância, e não recuará diante de nenhum crime para manter o controle da situação, mas não poderá mantê-lo por muito tempo, porque o martírio dos palestinos é a catástrofe moral dos israelenses. A memória judaica não poderá conviver por muito tempo com a responsabilidade de um genocídio.

Nos primeiros dias do genocídio, a comunidade judaica americana ocupou os salões de Capitol Hill e da Estátua da Liberdade para declarar: *Not in my name*, com o objetivo de rejeitar sua identificação com aqueles que, em Israel, levam adiante o extermínio.

Israel não é mais (se é que alguma vez foi) uma representação do judaísmo; é sua vergonha e sua imagem invertida.

O que o sionismo identificou de forma imprópria e perigosa como o Estado dos judeus não poderá sobreviver em meio ao ódio que o genocídio israelense está causando nas populações que têm memória da humilhação colonial.

Há alguma coisa de horrível na maneira como os europeus se viram para o outro lado enquanto, tão perto dali, ocorre um genocídio, assim como fizeram nas décadas de 1930 e 1940, quando o genocídio acontecia em seu território; mas não como hoje, sob seus olhos midiatizados. No entanto, as novas gerações europeias e norte-americanas se identificam com os palestinos, não tanto por um raciocínio histórico e político, mas pela percepção de uma condição claustrofóbica comum, de uma ausência de futuro e de saídas, que faz dos palestinos a vanguarda da última geração global.

A TRADIÇÃO DA CULTURA JUDAICA MODERNA

É impossível descrever a horrível mutação de Israel sem fazer referência ao trauma originário, ao Holocausto, ao desejo de vingança que busca suas vítimas, que são construídas ao longo de décadas.

Tudo isso tem pouco a ver com a política e muitíssimo a ver com a psicopatologia. O cão raivoso é realmente raivoso, é preciso que entendamos isso, ou seja, entender a gênese de sua raiva que não se manifesta só agora, mas desde 1948.

Aqui tocamos num ponto extremamente delicado e doloroso, que diz respeito à evolução do inconsciente israelense, em contraste crescente com a história e a cultura judaica.

Antes de morrer, em 1967, Isaac Deutscher escreveu sobre o judaísmo enquanto estava preso na armadilha do Estado nacional:

> O mundo forçou os judeus a abraçar o Estado nacional e a se orgulharem dele justamente quando nele há pouca esperança de futuro. Não podemos culpar os judeus por isso, pois o culpado é o mundo. Mas ao menos os judeus deveriam estar cientes do paradoxo e entender que seu entusiasmo pela soberania nacional está historicamente atrasado. Espero que, ao final, os judeus se tornem conscientes da inadequação do Estado nacional.[9]

Não aconteceu dessa forma: a parte da comunidade judaica que se identificou com Israel acabou acreditando que apenas um Estado nacional forte, exclusivo, superarmado, poderia defendê-la. Cometeu um erro, porém não podemos afirmar que seja capaz de compreender tal questão antes de precipitar no fundo do abismo.

O que precisamos destacar é que, desde o início, a existência de Israel coincide com a traição da cultura judaica moderna. Israel se quer nação, e por isso impõe a expulsão, a deportação, a prisão e a submissão da população presente no território.

Agora, todos se dão conta de que o Estado de Israel é a armadilha em que os europeus aprisionaram os judeus.

O presente dos colonialistas ingleses, prometido por Balfour, em 1917, e entregue em 1948, está se revelando o que era desde o princípio: um presente envenenado. Até os palestinos entraram no túnel sem saída do Estado nacional. A fórmula *dois povos, dois Estados* sancionava o caráter identitário e tribal do Estado nacional e negava qualquer possibilidade de convivência pacífica das duas comunidades dentro de uma mesma entidade política.

Ambas as entidades estatais (a existente de Israel e a inexistente, mas proclamada, da Palestina) acabaram por se identificar com suas componentes mais identitárias, integralistas, religiosas ou abertamente fascistas.

O Estado de Israel representa a traição da cultura judaica também de outro ponto de vista, que Giorgio Agamben percebe com extrema acuidade num artigo de 30 de setembro de 2024, intitulado O *fim do judaísmo*:

---

9. Isaac Deutscher, *The non-Jewish Jew*. Nova York: Verso Books, 2019.

Não se entende o sentido do que está acontecendo hoje em Israel, se não se compreender que o sionismo constitui uma dupla negação da realidade histórica do judaísmo. Não apenas, na verdade, como transfere aos judeus o Estado-nação dos cristãos, o sionismo representa o ápice desse processo de assimilação que, desde o final do século XVIII, tem apagado progressivamente a identidade judaica. Decisivo é que, como mostrou Amnon Raz-Krakotzkin num estudo exemplar, o fundamento da consciência sionista esteja numa outra negação, a negação da Galut, isto é, do exílio como princípio comum a todas as formas históricas do judaísmo, tal como o conhecemos. As premissas da concepção de exílio são anteriores à destruição do Segundo Templo e estão já presentes na literatura bíblica. O exílio é a forma própria da existência dos judeus sobre a terra e toda a tradição judaica, da Mishná ao Talmude, da arquitetura da sinagoga à memória dos acontecimentos bíblicos, foi concebida e vivida na perspectiva do exílio.[10]

Segundo alguns cabalistas, entre os quais Isaac Luria, o exílio define a própria situação da divindade que criou o mundo exilando-se de si mesma, e esse exílio durará até a chegada do Tiqqun, ou seja, da restauração da ordem original. É justamente essa aceitação irrestrita do exílio, com a recusa que implica toda forma presente de Estado-nação, que funda a superioridade dos judeus em relação às religiões e aos povos que se comprometeram com o Estado. Os judeus são, como os ciganos, o único povo que rejeitou a forma-Estado, que jamais travou guerras e que jamais se manchou com o sangue de outros povos. Negando radicalmente o exílio e a diáspora em nome de um Estado nacional, o Sionismo traiu, portanto, a essência mesma do judaísmo. Não devemos, então, nos surpreender se essa remoção produziu outro exílio, o dos palestinos, e levou o Estado de Israel a se identificar com as formas mais extremas e impiedosas do Estado-nação moderno. A tenaz reivindicação da história, da qual a diáspora, segundo os sionistas, teria excluído os judeus, vai na mesma direção. Mas isso pode significar que o Judaísmo, que não morreu em Auschwitz, talvez conheça hoje o seu fim.

---

10. Giorgio Agamben, "La fine del giudaismo", disponível no site: *www.quodlibet.it*.

GENOCÍDIO

Vocês se lembram de Srebrenica? Os nazistas sérvios, liderados por Ratko Mladić e Radovan Karadžić, depois de separarem os homens adultos das mulheres e das crianças, massacram oito mil bósnios sob os olhos da ONU. O Tribunal Internacional de Justiça condenou Mladić e Karadžić por genocídio.

Trinta anos depois, sob os olhos da ONU, os nazistas israelenses massacraram cinquenta mil palestinos de Gaza sem sequer ter a gentileza de fazer a distinção (como fez o criminoso Mladić) entre homens, mulheres e crianças.

Segundo a definição adotada pela ONU, com a palavra *genocídio* se entende "os atos cometidos com a intenção de destruir, totalmente ou em parte, um grupo nacional, étnico, racial ou religioso".

A palavra *genocídio* foi inicialmente introduzida pelo jurista polonês de origem judaica Raphael Lemkin, depois foi usada nas peças acusatórias que o Tribunal de Nuremberg apresentou aos nazistas:

> [Os réus] conduzem um genocídio deliberado e sistemático, ou seja, o extermínio de grupos raciais e nacionais, contra as populações civis de determinados territórios ocupados, com o objetivo de destruir determinadas raças e classes de pessoas e grupos nacionais, raciais ou religiosos, em particular judeus, poloneses, ciganos e outros.

Feitas essas premissas, é difícil, na verdade impossível, negar que Israel está cometendo um genocídio contra a população palestina.

Quem nega isso está agindo de má-fé.

Podemos considerar que o extermínio ocorrido após 7 de outubro seja justificado como reação, ainda que desproporcional, àquele massacre.

No entanto, o 7 de outubro, por sua vez, não é senão uma reação a incontáveis atos de violência, deportação, homicídio e massacre cometidos pela IDF (Forças de Defesa de Israel) e pelos colonos armados nos anos anteriores a 7 de outubro, e sendo ainda mais preciso, desde 1948.

Após os eventos que se seguiram ao 7 de outubro, após o genocídio desencadeado por Israel, o problema da legitimidade ética e jurídica da existência de Israel como Estado se reabre, e agora não pode mais ser ignorado. O que se tentou esconder nesses 75 anos é que o Estado de Israel se constitui declaradamente como uma entidade genocida. A formulação "uma terra sem povo para um povo sem terra" não era apenas uma falsidade, pois naquela terra existia um povo, e continua a existir e a resistir.

Não era apenas uma mentira, mas também a intenção declarada de um genocídio. Qualquer um que esteja na terra que Deus nos prometeu será deportado ou eliminado, para que o povo eleito possa retornar ao lugar em que viveu dois milênios atrás.

A declaração de Chaim Weizmann no Congresso de Versalhes, segundo a qual o direito à territorialização dos judeus na Palestina (e, portanto, a deportação ou eliminação de quem vive nesse território) se fundamenta na memória, implica que o genocídio é o desenvolvimento lógico da premissa bíblica.

Acabemos de vez com a memória

> Os excessos cometidos em nome do dever de memória sugeririam a adoção de um dever de esquecimento: a fórmula pode desagradar a alguns, mas se impõe. Pensemos no infeliz herói de Borges que não conseguia esquecer e, por isso, vivia num inferno, sendo incapaz de apagar qualquer coisa do caos que invadia sua pobre cabeça. O mesmo se aplica a um grupo humano: ao não querer esquecer nada, expõe-se ao perigo de confundir o presente vivo com um falso presente alucinatório que parasita o primeiro em nome das ofensas não reparadas do passado.
>
> *Figuras de Israel*
> DANIEL LINDENBERG

O DIA DA MEMÓRIA

Quando eu ensinava no Instituto Noturno para Adultos, na cidade de Bolonha, todos os anos dedicava muito tempo à preparação do Dia da Memória.

Lia algumas páginas de Primo Levi, reconstruía os eventos que levaram ao surgimento do nazismo alemão e explicava o significado da Shoá na história moderna da Europa.

Certa vez, propus que escrevessem uma redação sobre o tema, e o estudante Claude a desenvolveu de maneira surpreendente. Claude, um rapaz senegalês, muito preparado, mas bastante taciturno, escreveu que não entendia por que, todos os anos, os sofrimentos dos judeus eram lembrados, enquanto não havia um dia sequer dedicado a lembrar os imensos e prolongados sofrimentos dos africanos, o tráfico de negros e a escravidão.

Dediquei toda a aula seguinte ao tema. Disse que, na verdade, a memória europeia dá atenção a um evento que, embora seja de enorme importância, não é o único Holocausto da história.

Falei sobre as grandes ondas de extermínio racista: sobre o extermínio de quatro quintos da população indígena da América do Sul pelos colonizadores espanhóis. Do genocídio absoluto das populações indígenas da América do Norte. Falei sobre o fato de que os colonizadores ingleses do continente australiano, até setenta anos atrás, podiam legalmente matar um aborígine a tiros.

Concluí dizendo que lembrar o Holocausto dos judeus também significava renovar a memória de todas as pessoas que, em cada continente, sofreram a violência da raça exterminadora: branca, cristã e ocidental.

Lembrar o Holocausto significava, assim, honrar a memória das pessoas que foram vítimas de genocídio. Por isso, se ainda hoje fosse professor de alunos adultos, em grande parte estrangeiros, como era até dez anos atrás, acredito que lhes diria que, após o genocídio de Gaza, quem tenha a pretensão de celebrar (como é justo fazer) o Dia da Memória, terá que lembrar que Hitler não é senão um dos muitos exterminadores de que a história moderna está repleta, e que Netanyahu é um antissemita como foi Hitler.

Em seu *Discurso sobre o colonialismo*, de 1951, Aimé Césaire escrevia:

> O que não é perdoável em Hitler não é o crime em si, senão o crime contra o homem branco, é a humilhação do homem branco, e haver aplicado na Europa procedimentos colonialistas que até agora só concerniam aos árabes da Argélia, aos *coolies* da Índia e aos negros da África.[1]

Agora estou aposentado e não ensino mais, mas, se hoje me encontrasse diante de jovens sentados nos bancos de uma escola, não faria como fiz tantas vezes no passado. Não me ateria às ordens ministeriais relativas ao Dia da Memória.

Diria que o Dia da Memória é uma impostura ocidental, diria que os seis milhões de judeus assassinados pelo nazismo têm o

---

1. Aimé Césaire, *Discurso sobre o colonialismo*, trad. Anísio Garcez Homem. Florianópolis: Letras Contemporâneas; Livros & Livros, 2020, p. 17.

mesmo valor, embora não saibamos a quantidade real, de milhões de africanos mortos, deportados e violentados pelos brancos escravistas portugueses, ingleses e norte-americanos.

Têm o mesmo valor dos milhões de palestinos que Israel expulsou, depredou, humilhou, encarcerou, torturou e exterminou.

Têm o mesmo valor dos africanos mortos pelos militares escravistas a serviço de Leopoldo, rei da Bélgica, que, segundo Mark Twain, foram dez milhões, e para os quais ninguém dedicou um Museu da Memória.

PODERIA TER SIDO DIFERENTE?

É legítimo fazer tal pergunta: poderia o Estado desejado pelos sionistas, autorizado pelos colonialistas ingleses, protegido pelos imperialistas norte-americanos, armado e financiado pelos ocidentais para dominar a região da qual vem o petróleo, um Estado nascido de um massacre e sustentado pela ameaça armada permanente evoluir de maneira diferente?

Poderia o Estado invasor, odiado por um bilhão de muçulmanos forçados a suportar sua presença, não evoluir na direção do fundamentalismo religioso, do racismo e do supremacismo nazistoide?

Não poderia.

É difícil acreditar que os ingleses e os americanos, principais responsáveis (ao lado dos nazistas alemães, naturalmente) pela deportação dos judeus que leva o nome de retorno à terra prometida, não soubessem que os estavam expondo a uma condição duríssima, destinada, com o passar do tempo, a evoluir para um novo Holocausto.

Israel goza de uma superioridade militar indiscutível, mas o tempo não trabalha a seu favor.

Poderia ter sido diferente, ou a evolução de Israel estava inscrita em seu nascimento violento? Poderia o Sionismo evoluir em direção pacífica, ou a hostilidade que os invasores enfrentaram desde o início estava destinada a forçar com que Israel se tornasse o que se tornou?

Que não seria possível terminar de outra forma, isso já haviam entendido vinte e oito intelectuais judeus que, em 2 de dezembro de 1948, enviaram uma carta à redação do jornal *The New York Times*, com o intuito de denunciar a deriva fascista imposta pelo futuro primeiro-ministro Menachem Beguin à natureza do Estado israelense.

Entre eles estavam Hannah Arendt e Albert Einstein, que dificilmente poderiam ser acusados de antissemitismo.

Leiamos a carta, porque ela diz tudo o que hoje poderíamos repetir sobre o fascismo congênito do Estado sionista.

Aos editores de *The New York Times*.

> Entre os fenômenos mais preocupantes de nosso tempo, destaca-se aquele relativo à fundação, no novo Estado de Israel, do Partido da Liberdade (*Tnuat Haherut*), um partido político que, em sua organização, métodos, filosofia política e ação social, parece extremamente semelhante aos partidos nazista e fascista. Foi fundado fora da Assembleia e como uma evolução do anterior *Irgun Zvai Leumi*, uma organização terrorista, chauvinista e de direita da Palestina.
>
> A visita atual de Menachem Beguin, líder do partido, aos Estados Unidos foi calculada para dar a impressão de que a América apoia o partido nas próximas eleições israelenses e para estreitar laços políticos com elementos sionistas conservadores americanos. Vários americanos com reputação nacional enviaram suas saudações. É inconcebível que aqueles que se opõem ao fascismo no mundo, a menos que estejam adequadamente informados sobre as ações realizadas e os projetos do senhor Beguin, possam ter inscrito o próprio nome para apoiar o movimento que ele representa. Antes que um dano irreparável seja causado por meio de contribuições financeiras, manifestações públicas em favor de Beguin e da criação de uma imagem de apoio norte-americano a elementos fascistas em Israel, o público americano deve ser informado sobre as ações e objetivos do senhor Beguin e de seu movimento.
>
> As declarações públicas do senhor Beguin não são úteis para entender seu verdadeiro caráter. Hoje, fala de liberdade, democracia e anti-imperialismo, enquanto até o presente momento pregou abertamente a doutrina do Estado fascista. É em suas ações que o partido terrorista trai seu real caráter; a partir de suas ações passadas, podemos julgar o que fará no futuro.
>
> O ocorrido em Deir Yassin exemplifica o caráter e as ações do Partido da Liberdade. No interior da comunidade judaica, pregaram uma mistura de ultranacionalismo, misticismo religioso e superioridade racial. Como outros partidos fascistas, também tinha como objetivo interromper greves e destruir sindicatos livres. Em seu lugar, propuseram

sindicatos corporativos baseados no modelo fascista italiano. Durante os últimos anos de violência esporádica antibritânica, os grupos IZL e Stern inauguraram um reinado de terror sobre a comunidade judaica da Palestina. Professores que falavam mal deles eram agredidos; adultos que não permitiam que seus filhos se encontrassem com eles eram atingidos de várias maneiras. Com métodos de gângsteres, espancamentos, destruição de vitrines, saques em larga escala, os terroristas intimidaram a população e cobraram um pesado tributo. Os membros do Partido da Liberdade não tiveram nenhum papel nas conquistas construtivas obtidas na Palestina. Não reivindicaram terras, não construíram assentamentos, mas apenas diminuíram as atividades de defesa dos judeus. Seus esforços em relação à imigração eram tão propagandísticos quanto ineficazes e estavam empregados principalmente no deslocamento de seus compatriotas fascistas.

A discrepância entre as afirmações descaradas feitas agora por Beguin e seu partido e seu currículo de ações realizadas no passado na Palestina não trazem o sinal de nenhum partido político ordinário. Isto é, sem sombra de dúvida, a marca de um partido fascista para o qual o terrorismo (contra judeus, árabes e ingleses) e as falsas declarações são os meios, e um *Estado líder* é o objetivo.

À luz das considerações supracitadas, é imperativo que a verdade sobre Beguin e seu movimento seja divulgada neste país. É ainda mais trágico que os mais altos comandos do sionismo norte-americano tenham se recusado a conduzir uma campanha contra as atividades de Beguin, ou mesmo a revelar aos seus membros os perigos que o apoio a Beguin traria para Israel. Os signatários, por fim, utilizam estes meios para apresentar publicamente alguns fatos relevantes sobre Beguin e seu partido, e para apelar a todos os esforços possíveis para não apoiar esta última manifestação de fascismo.

Assinado por: Isidore Abramowitz, Hannah Arendt, Abraham Brick, rabino Jessurun Cardozo, Albert Einstein, Herman Eisen, M. D., Hayim Fineman, M. Gallen, M. D., H. H. Harris, Zelig S. Harris, Sidney Hook, Fred Karush, Bruria Kaufman, Irma L. Lindheim, Nachman Maisel, Seymour Melman, Myer D. Mendelsohn, M D., Harry M. Oslinsky, Samuel Pitlick, Fritz Rohrlich, Louis P. Rocker, Ruth Sagis, Itzhak Sankowsky, I. J. Shoenberg, Samuel Shuman, M. Singer, Irma Wolfe, Stefan Wolfe.

NOVA YORK
2 de dezembro de 1948

UMA HISTÓRIA DE AMOR E TREVAS, MAS SOBRETUDO DE TREVAS

Pouco antes de morrer, Amós Oz proferiu uma conferência que foi publicada pela Editora Feltrinelli, intitulada: *Ainda há muito a ser dito*, e subtítulo: *Última aula*.[2]

Há muitos anos sou leitor de Oz, e graças a livros como *De amor e trevas*, ou *Judas*, acredito ter tido a oportunidade de refletir sobre as questões fundamentais da identidade judaica e da identidade em geral.

A identidade como problema, como construção ilusória e como armadilha. Com ou sem razão, aprendi a considerar a obra de Amós Oz uma expressão da vocação internacionalista do judaísmo europeu.

> Meu tio David era um perfeito cidadão europeu, em todos os sentidos, numa época em que nenhum cidadão que vivia na Europa era um verdadeiro cidadão europeu, com exceção das pessoas da minha família e de alguns outros judeus, parecidos com eles. Todos os outros eram pan-eslavos, pan-germânicos, ou simplesmente patriotas lituanos, búlgaros, irlandeses, eslovacos. Os únicos europeus em toda a Europa nos anos 20 e 30 eram os judeus. Meu pai costumava dizer: Na Tcheco-Eslováquia vivem três nações — os tchecos, os eslovacos e os tcheco-eslovacos, que são os judeus. Na Iugoslávia há os sérvios, os croatas, os eslovenos e os montenegrinos, mas lá também vive um punhado de verdadeiros iugoslavos. E até mesmo sob Stalin há russos, ucranianos, usbeques, chechenos e tártaros, e entre esses povos todos vivem nossos irmãos, cidadãos soviéticos. Hoje a Europa está totalmente mudada. Está cheia de europeus, de ponta a ponta. E também as pichações nos muros da Europa estão um tanto diferentes: na época da juventude de meu pai, em Vilna, todos os muros da Europa estavam pichados assim: *Judeus, vão para a Palestina!*. Passados cinquenta anos, ao retornar à Europa a passeio, todos os muros lhe berravam: *Judeus, saiam da Palestina!*.[3]

Não foram os judeus que quiseram voltar à Palestina. Foram os nazistas europeus que os forçaram a ir embora, foram os

---

2. Amós Oz, *Resta ancora tanto da dire. L'ultima lesione*, trad. Elena Loewenthal. Milão: Feltrinelli, 2023.
3. Amós Oz, *De amor e trevas*, op. cit., pp. 80-81.

sionistas que, com os ingleses, prepararam a armadilha na qual os judeus caíram. Essa armadilha se chama Israel. Como muitos outros judeus europeus, os pais do escritor abandonaram a Europa e se refugiaram na Palestina nos anos em que o projeto sionista dava ares de que se realizaria em condições pacíficas.

> Claro que sabíamos como era dura a vida em Israel: sabíamos que era muito quente, um deserto, pântanos, desemprego, sabíamos que havia árabes pobres nas aldeias, mas podíamos ver muito bem no grande mapa pregado na sala de aula que os árabes não eram muitos, que viviam aqui talvez meio milhão deles, certamente bem menos do que um milhão, e tínhamos certeza absoluta de que havia bastante espaço para mais alguns milhões de judeus, e que os árabes eram apenas incitados contra nós, como os poloneses ignorantes, mas era possível explicar a eles que só iríamos lhes trazer vantagens e bênçãos, bênçãos agrícolas, médicas, culturais, tudo. Pensávamos que logo mais, em alguns poucos anos, os judeus já seriam maioria em Israel, e então mostraríamos ao mundo inteiro como nos portamos de maneira exemplar com os árabes, a nossa minoria; nós, que sempre fomos a minoria oprimida, sufocada, trataríamos a minoria árabe com retidão e justiça, com generosidade compartilharíamos com eles a nossa pátria, dividiríamos tudo, de jeito nenhum iríamos transformá-los em gatos aduladores. Sonhamos um bonito sonho.[4]

Na época referida por Amós Oz, parecia haver espaço para uma consciência solidária, igualitária e internacionalista. Como o nacionalismo dominava a política europeia, até mesmo os judeus, caso quisessem sobreviver, tinham a necessidade de se identificar como povo, como nação.

> Naqueles anos todos os poloneses estavam bêbados de patriotismo polonês, os ucranianos, de patriotismo ucraniano, para não falar dos alemães, dos tchecos, de todos, e até dos eslovacos, lituanos e letões, mas para nós simplesmente não havia lugar nesse grande carnaval nacionalista, pois não pertencíamos a nenhum grupo, nem éramos desejados por ninguém. Não admira que também quiséssemos ser uma nação, como os outros. Que outra alternativa tinham nos deixado?[5]

---

4. Ibid., p. 225.
5. Ibid., p. 226.

Por fim, sabemos como tudo acabou: depois de exterminá-los, os europeus *vomitaram* a comunidade judaica, que era a mais profundamente europeia, porque incorporava mais plenamente os valores do racionalismo e do direito. Justamente porque os judeus não tinham uma relação ancestral com a terra europeia, e seu europeísmo era baseado na Razão e no Direito, e não na identidade étnica.

A Shoá forçou os judeus a desejarem pertencimento, a empreender um caminho que nega o universalismo em nome da nação étnica. O Sionismo encarna essa transição, compreensível e catastrófica.

Na noite em que as Nações Unidas sancionaram a fundação do Estado de Israel, o pai do narrador do livro *De amor e trevas* diz ao filho:

> Mas, de hoje em diante, a partir do momento em que temos uma nação, de hoje em diante os brutamontes nunca irão atormentar você porque você é judeu e porque os judeus são assim e assado. Isso não. Nunca. Nunca mais vai acontecer. A partir desta noite, isso acabou. Acabou para sempre.[6]

Infelizmente, como sabemos, o pai de Amós estava errado: a criação do Estado de Israel colocou em movimento uma cadeia interminável de sofrimentos e vinganças.

Após 1947, o nacionalismo tornou impossível a convivência pacífica entre árabes e judeus: de um lado, as entidades políticas árabes, surgidas da desintegração do Império Otomano, haviam reapresentado o modelo do nacionalismo europeu, não acolhendo pacificamente os judeus em seu território. De outro, os judeus tinham a pretensão de fundar um Estado nacional num território que não lhes pertencia e que lhes era hostil.

Dessa forma, os jovens israelenses foram forçados a lutar numa guerra interminável, e os jovens palestinos foram forçados a viver em campos de refugiados nos quais não podem fazer nada além de odiar os invasores. Nessas condições, era inevitável que

---

6. *Ibid.*, p. 411.

o equilíbrio político israelense se deslocasse à direita, até chegar à atual coalizão entre fascistas e ortodoxos, que transformou Israel num monstro perigoso, especialmente para os judeus.

Nos séculos da diáspora, o universalismo foi a forma mental da intelectualidade judaica, mas quando os judeus fundaram seu próprio Estado e foram chamados a se identificar territorialmente, então se produziu um efeito de identificação do *outro*: o palestino. Muitos jovens israelenses foram forçados a lutar numa guerra que odiavam, por um ideal nacionalista no qual não acreditavam.

> Era uma noite de inverno, e eu estava de sentinela junto com Efraim Avneri. [...] No escuro não pude ver a expressão de Efraim, mas uma certa ironia subversiva, uma estranha melancolia, sarcástica, transparecia em sua voz ao me responder, depois de refletir um pouco: "Assassinos? Mas o que você espera deles? Do ponto de vista deles, somos estrangeiros vindos de outro planeta, que aterrissaram e invadiram as suas terras. Devagarinho fomos tomando pedaço por pedaço, e enquanto assegurávamos a eles ter vindo para o seu bem – para curá-los dos vermes e do tracoma, libertá-los do marasmo, da ignorância e da opressão feudal –, fomos espertamente garfando mais e mais de sua terra. Então, o que você acha? Que vão nos agradecer pela benevolência? [...] "Se é assim, então por que você anda armado por aí? Por que não vai embora de Israel? Ou pega a sua arma e passa para o lado deles?" Pude sentir seu sorriso triste na escuridão: "Para o lado deles? Mas eles não me querem ao lado deles. Em nenhum lugar do mundo me querem. Ninguém neste mundo me quer, esse é o problema. Em todos os países, parece que tem gente demais do meu tipo. É só por isso que estou aqui. É só por isso que ando armado. Para que não me mandem embora daqui também. Mas a palavra 'assassinos', eu não vou usar, nunca, para os árabes que perderam suas aldeias. De qualquer modo, em relação a eles não vou usar facilmente essa palavra. Para os nazistas, sim. Para Stalin, sim. E para todo tipo de usurpador de territórios, sim, mas não para eles."[7]

Tais páginas me convenceram de que Amós Oz estava interpretando a contradição de ser israelense, expressando o desejo de paz entre diferentes povos: o oposto do Sionismo.

---

7. *Ibid.*, pp. 493-494.

JUDAS, O INTERNACIONALISTA

Publicado em 2014, *Judas*, de Amós Oz, narra a história de um jovem pesquisador que estuda a figura histórica de Judas Iscariotes, que a cultura cristã identifica como o traidor por excelência, e como o símbolo da maldade judaica.

Não redutível à identidade da nação, a traição tem o sentido da racionalidade moderna e de sua figura histórica: o intelectual. O intelectual, figura judaica por excelência, é aquele que trai a identidade nacional em nome da universalidade da Razão. Por isso, o fascismo é constitutivamente anti-intelectual. A respeito da figura do traidor, Amós Oz escrevia nas *Tubingen Lectures* de 2002, traduzidas na Itália com o título: *Contra o fanatismo*, no qual aponta: "Minha percepção é que, no conflito entre israelenses e árabes palestinos, não há bons e maus. Há uma tragédia: o contraste entre um direito e o outro. Já disse isso tantas vezes que mereci o título de traidor patenteado, aos olhos de muitos de meus compatriotas israelenses".[8]

Podemos traduzir a palavra *traição* por *internacionalismo*, porque essa cultura política, que no século xx pareceu ter conseguido se afirmar, significa o rechaço radical da nação, o rechaço da lógica de pertencimento e, portanto, o rechaço da guerra: deserção.

O personagem de Abravanel, judeu culto e poliglota que aparece no romance *Judas*, não tem nenhuma simpatia pelo Estado de Israel, porque considera a ideia de Estado nacional uma prova de retrocesso cultural. Como pode o homem moderno aceitar tal negação do universalismo ético que, desde Kant, deveria ser a base da política?

Abravanel não era entusiasta da ideia de Estado. De nenhuma forma. Não gostava nem um pouco de um mundo dividido em centenas de Estados-nação. Como as fileiras de gaiolas separadas num jardim zoológico. Ele não falava iídiche, mas sim hebraico e árabe, ladino e inglês, francês, turco e grego, mas de todos os Estados nacionais do mundo dizia, justo em iídiche: *Goyem naches*, satisfação dos povos. A ideia mesma de Estado, para ele, era infantil e antiquada.[9]

---

8. Amós Oz, *Contra o fanatismo*, trad. Denise Cabral. Rio de Janeiro: Ediouro, 2004, p. 46.
9. *Ibid.*, p. 201.

Um internacionalista não pode aceitar a solução que a comunidade internacional considerou a melhor possível: *dois povos, dois Estados*. Desde minha militância aos vinte anos de idade, comecei a pensar na questão palestina e me convenci de que essa fórmula consagra um princípio inaceitável, dado que a entidade política estatal se fundamenta na identidade étnica ou no pertencimento religioso.

Foi um dirigente de *Potere Operaio*,[10] o grupo político no qual eu militava à época, que me convenceu de que o Estado nacional não é a solução para nada, mas é, na verdade, o problema, e que dois Estados não poderiam oferecer solução ao problema de como conviver pacificamente na terra da Palestina, ou de Israel, que é a mesma coisa. Esse dirigente se chama Franco Piperno, judeu e comunista.

Quando os europeus se livraram dos judeus, enviando-os para o deserto da Palestina, criaram as condições para uma tragédia sem fim, fruto envenenado da vitória do nacionalismo contra o internacionalismo.

Atalia sabe bem disso, pois em *Judas* ela é a esposa de um jovem israelense morto durante um confronto armado com os árabes.

> Atalia olhava para ele de viés, de seu assento, de baixo para cima, e parecendo cuspir as palavras por entre os lábios disse: "Vocês queriam um Estado. Queriam independência. Bandeiras e uniformes e cédulas de dinheiro e tambores e clarins. Vocês derramaram rios de sangue limpo. Sacrificaram uma geração inteira. Expulsaram centenas de milhares de árabes de suas casas. Enviaram navios cheios de imigrantes sobreviventes de Hitler direto do cais para os campos de batalha. Tudo isso para que aqui houvesse um Estado de judeus. E vejam o que vocês receberam".[11]

Compartilho do fundo do coração o desprezo que Atalia expressa pelo Estado nacional. E me parece que o coração de Amós Oz sentia o mesmo quando escrevia essas páginas. Por isso, quando li *A última aula*, me senti desconfortável, como se encontrasse um amigo e não conseguisse reconhecer sua voz e, principalmente,

---

10. Grupo político radical de esquerda italiano, ativo entre 1967 e 1973. Entre os líderes do grupo estavam Antonio (Toni) Negri, Nanni Balestrini, Franco Piperno e Valerio Morucci. Suas atuações políticas se davam, sobretudo, nas fábricas do Norte industrial, bem como na publicação de jornais e folhetos. [N. T.]
11. Amós Oz, *Judas*, trad. Paulo Geiger. São Paulo: Companhia das Letras, 2014, p. 151.

entender suas palavras. Nessa conferência de 2019, parece que o escritor é alguém diferente daquele que havia vislumbrado em seus romances, mas talvez a culpa seja minha: talvez não tivesse entendido. Ou talvez, no último período de sua vida, Amós Oz tenha perdido toda esperança numa comunidade política em que as diferentes culturas convivam, e na qual o direito seja fundado na razão e na palavra, e não na pertença e na tradição. Em *A última aula*, ele diz: "Não se deixem iludir pelo que dizem as boas almas sobre o Estado multiétnico ou binacional como pátria de todos seus cidadãos. Não há nada disso".[12]

Talvez eu seja uma boa alma, mas estou convencido de que não há civilização nem decência moral nem paz, caso acreditemos que o Estado deva corresponder à etnia, à religião e à identidade. Amós Oz sempre acreditou, de fato, no que disse em sua última conferência? Realmente sempre se identificou com as almas más?

O escritor, então, narra seu encontro com um intelectual palestino emigrado para Paris, que lhe fala de Lifta, a aldeia da qual sua família foi expulsa pelos colonos judeus há décadas, e lhe diz que jamais poderá renunciar ao desejo de retorno.

"Você quer realmente voltar para Lifta?",[13] pergunta-lhe Oz, ressaltando que sua aldeia não existe mais, assim como sua infância. Não pode retornar porque o mundo passado foi destruído não apenas pela deportação e pela ocupação, mas também pelas escavadeiras, pelos condomínios, pelas rodovias e, enfim, pelo tempo.

E é então que Oz acusa seu interlocutor de estar doente de *retornismo*.

> Você está doente, e eu também tenho o diagnóstico para sua doença. Você está doente de *retornismo*. Procure no espaço alguma coisa que se perdeu no tempo.[14]

Não sou um fanático da memória e reconheço que não conseguimos fundar uma política na nostalgia em relação ao que foi

---

12. Amos Oz, *Resta ancora tanto da dire. L'ultima lezione*, op. cit, 2023, p. 8.
13. *Ibid.*, p. 11.
14. *Ibid.*, p. 12.

de nossa propriedade no passado, mas alguma coisa soa falso nesse convite a se emancipar do passado, porque vem de um judeu que retorna a uma terra que seus antepassados habitaram há dois mil anos. Como se pode rir de um homem que sente saudade da casa em que seus pais viveram?

O próprio Amós Oz, algumas páginas à frente, se pergunta se ele, sua família, seus pais que retornaram a Israel dois mil anos depois de terem saído, não estão doentes de retornismo.

> Depois que nos despedimos, não pude deixar de me perguntar: desculpe, Amós, mas o sionismo também não é *retornismo*?[15]

No entanto, ao final, o escritor se absolve, e absolve os sionistas do diagnóstico de retornismo, escrevendo:

> Pensei muito sobre isso, e minha resposta, no fundo, é não, *cum grano salis*. Sinceramente, não. Sendo bem cauteloso, realmente não. Não se trata de retornismo. Porque meus antepassados, há dois mil anos, diziam na noite de Páscoa: *No ano que vem, em Jerusalém*. É verdade. Mas se não os tivessem perseguido, humilhado e massacrado, teriam continuado a dizer isso por mais dois mil anos. E, no entanto, não teriam vindo até aqui.[16]

Discurso estranho. Na verdade, suas palavras soam hesitantes, contorcidas: minha resposta, no fundo, é não, *cum grano salis*.[17] Sinceramente, não. Sendo bem cauteloso, realmente não.

Cum grano salis.

Sinceramente.

Sendo muito cauteloso.

Vê-se que Oz está caminhando sobre ovos.

E como é a história?

Os judeus retornaram depois de dois mil anos, mas não estão doentes de retornismo porque foram perseguidos, e não podiam fazer outra coisa a não ser retornar à terra de seus antepassados, mesmo que isso tenha resultado na expulsão de quem vivia naquela terra há

---

15. *Ibid.*, pp. 12-13.
16. *Ibid.*, p. 13.
17. Expressão latina que significa: com certa dose de bom humor ou malícia. Foi usada por Plínio em *História natural*. [N. T.]

séculos. E vem nos contar que os palestinos sofrem de retornismo, mesmo que, inegavelmente, também tenham sido perseguidos e expulsos não há dois mil anos, mas apenas há uma geração.

Diria que a tais palavras do tardio Amós Oz respondeu, numa entrevista a Francesca Gorgoni, Mahmud Darwish: "Vocês [israelenses] criaram nosso exílio, não fomos nós que criamos o de vocês".

Leio, com certo constrangimento, esta última aula de um dos meus escritores favoritos, e tenho a sensação de que não o reconheço.

Como reagiria, hoje, diante do horror que Israel se tornou após sua morte? Se eu não tivesse lido essa última aula infeliz, saberia o que responder a essa pergunta, mas agora parece que não sei mais nada.

Gad Lerner publicou pela editora Feltrinelli um livro que tem como título: *Gaza*. É um testemunho sofrido, e o livro começa exatamente com o espanto com que vive o desastre, no último ano, a parte da comunidade judaica que não rompeu o vínculo intelectual com a história da diáspora. Olhando para o passado, Lerner escreve: "Yeshayahu Leibowitz, um dos mais ilustres pensadores religiosos do século xx: a retirada unilateral dos territórios ocupados é o único modo que Israel tem para evitar o suicídio moral. Ele estava certo, mas a história foi diferente".[18]

O grupo nacionalista e militarista tomou o poder e, pouco a pouco, foram embora os cidadãos israelenses que não aceitam viver no meio de tanta violência.

O fanatismo que se espalhou como uma planta daninha na sociedade israelense não é somente fruto da fé religiosa. Também é a união, com sua obsessão pela defesa da identidade, entre laicos e crentes...

> A crença deles é a pátria judaica. Israel não pode existir a não ser como pátria judaica. Se outros quiserem viver aqui como minorias, que se ajustem. A esse postulado segue necessariamente um corolário: não pode haver outra pátria senão Israel para os judeus. Ao fundador do

---

18. Gad Lerner, *Gaza. Odio e amore per Israele*. Milão: Feltrinelli, 2024, p. 118.

chamado sionismo revisionista, Vladimir Jabotinsky, que em polêmica com David Ben-Gurion perseguia o nascimento de um Estado exclusivamente judaico, razão pela qual queria erguer um muro de ferro entre ele e seus vizinhos, é atribuída uma recomendação que se tornou proverbial: eliminem a diáspora, ou a diáspora os eliminará.[19]

Hoje, após Gaza, tal advertência precisa ser repensada. Enquanto os israelenses, embora profundamente divididos a respeito de muitas coisas, parecem em sua maioria compartilhar o extermínio, a diáspora se torna muito mais dividida.

Se pensarmos nos judeus que vivem na América, vemos que uma parte deles (não sei dizer se a maior parte) tem posições abertamente genocidas, a ponto de se identificar politicamente com os racistas evangélicos seguidores de Maga.[20]

Mas também vimos uma multidão de judeus nova-iorquinos exibindo o banner *Not in our name* junto à Estátua da Liberdade, e vimos a participação de muitos jovens judeus nos protestos estudantis nos campi ocupados contra o genocídio israelense.

Lerner nos lembra que, numa entrevista ao *La Repubblica* de alguns anos atrás, Netanyahu havia expressado sem rodeios e com absoluto cinismo a linha de conduta moral e política que guiou Israel nos últimos vinte anos.

> A história é imparcial e não perdoa. Não favorece os virtuosos, os que possuem uma superioridade moral. Se quisermos proteger nossos valores, nossos direitos e nossas liberdades, então devemos ser fortes. A lição que vem do passado até nós é que a superioridade moral não garante a sobrevivência de nossa civilização.[21]

---

19. *Ibid.*, p. 38.
20. Maga é uma sigla que se refere a *Make America Great Again*, originada durante a campanha presidencial de Ronald Reagan na eleição presidencial de 1980, quando os Estados Unidos sofreram um agravamento da economia em recessão marcada pela *estagflação*. O *slogan* foi novamente popularizado por Donald Trump durante sua campanha presidencial em 2016. O termo expressa a ideia de restaurar a grandeza dos Estados Unidos, geralmente associada a políticas conservadoras e nacionalistas. Maga se tornou um movimento que representa uma parte significativa do eleitorado norte-americano, particularmente os apoiadores mais fervorosos de Trump. [N. T.]
21. Gad Lerner, *Gaza. Odio e amore per Israele*, op. cit., pp. 68-69.

Tais palavras são inequívocas: na história não há espaço para o respeito ao outro, e, se quisermos sobreviver, devemos ignorar toda a humanidade, toda a piedade. A superioridade moral não garante a sobrevivência de nossa civilização. Mas, então, que civilização é essa, me pergunto, se sua sobrevivência depende da força, da superioridade militar, da prepotência e do extermínio?

Da leitura do livro de Lerner, a pergunta sobre o direito de Israel a existir fica sem resposta. Ou melhor, o direito de Israel a nascer como nasceu, por meio de um massacre e uma deportação. Diante da pergunta, Gad Lerner se detém, porque (como não entendê-lo) reconhece que os judeus que se refugiaram na Palestina, nos anos 1930 e 1940, não tinham outra possibilidade de sobreviver senão daquela forma.

No entanto, era necessário fundar um Estado nacional, revisitar a história passada da Europa, que é baseada na guerra, na opressão e no domínio do mais forte, que perdura até que o oprimido se torne mais forte que o opressor?

Lembrando Zeev Sternhell, Gad Lerner reconhece que "particularismo e antirracionalismo estão hoje novamente na base da ameaça de guerra mundial".

Estamos à beira desse ponto, à beira desse abismo, e não sabemos como poderemos evitá-lo. Não seria possível experimentar uma forma de convivência igualitária com as pessoas que habitavam aquele território? Perguntas inúteis, digo a mim mesmo.

O internacionalismo não teve força para se impor nem na Palestina, nem em outros lugares. Por isso, a violência é a única maneira de os povos sobreviverem: é preciso dotar-se de um Estado nacional, de um exército e do cinismo necessários para impor a única lei que conta, que é a lei da força. Hoje, a lei da força permite que os israelenses exterminem os palestinos, mas o que acontecerá amanhã? Quem será amanhã o exterminador e quem será o exterminado?

É necessário baixar a cabeça diante da lição da história?

Ou é necessário desertar da história, fugir desse pesadelo sem fantasia, dessa cadeia de vinganças em que amizade é palavra para pobres iludidos?

Embora não saibamos como seria possível a deserção, nem qual seja o caminho que leva para fora dessa ladainha de horror, não é esta, talvez, a única questão que vale a pena pensarmos?

MEMÓRIA E PODER

> Considero um dever conservar e perpetuar a memória da Shoá como religião civil dos direitos humanos, do antirracismo e da democracia. [...] Seria uma derrota tirar do calendário o Dia da Memória exatamente agora, quando mais precisamos dele. Se os códigos morais herdados do trauma da Shoá parecerem falsos ou instrumentais para as novas gerações, então devemos nos preparar para o pior, ou seja, o retorno da ferocidade como normalidade.[22]

Seria uma tolice colocar em questão uma afirmação como a seguinte, que parece óbvia: é necessário lembrar.

De qualquer forma, os humanos lembram, quer queiram ou não.

No entanto, mesmo parecendo um tolo, me pergunto: realmente é necessário lembrar? Realmente é útil a revisitação ritual do passado, da dor passada e das violências sofridas?

O culto da memória é tão profundo, respeitado e indiscutível, que só por brincadeira poderíamos questioná-lo.

Mesmo assim, me atrevo a dizer: a memória sempre funcionou como uma garantia da perpetuação eterna do ódio.

A ritualização da memória funciona como um reforço da identidade, mas também como uma promessa de vingança.

Milan Kundera escreve: "A luta do homem contra o poder, a batalha da memória contra o esquecimento".

Penso exatamente o contrário.

O poder é a organização hierarquizada e autoritária da memória, é a coação que se repete, o culto das raízes, o culto agressivo e ressentido das pátrias imaginárias, a acumulação de valor e a memória do trabalho passado.

A luta para se afastar do poder (e talvez para destruí-lo) só faz sentido se for uma libertação da memória, de todas as memórias.

22. *Ibid.*, p. 147.

O que devemos lembrar? As inúmeras violências, as injustiças que sofremos? O efeito dessa (indelével) memória é a paralisia, o medo. Ou o efeito é o ressentimento, a vontade de vingança.

Mas para que o devir possa divergir do ser que fomos, do ser que sofremos, precisamos nos libertar da marca que a submissão deixou em nossa alma. Precisamos desertar de toda identidade, de toda memória do que fomos e do que sofremos.

Somente quem deserta a memória, a história e a verdade pode descobrir algum (minúsculo) espaço para a alegria.

O nacionalismo, a opressão e a guerra têm sua origem na memória de um passado. E a memória é enganosa, como diz o próprio Kundera. Como uma jaqueta de tafetá, a memória muda e evolui, porque quando nos afastamos, mudamos de perspectiva, e então vemos alguma coisa do passado que não víamos até então, ou apagamos alguma coisa do passado de que já não queremos mais ter lembrança.

Ou então a memória se transforma, antes, em rancor, e, depois, evolui em vingança.

Por isso, a memória pode ser inimiga da amizade.

Quando, em Versailles, alguém fez a pergunta: "o que dá a vocês o direito de ter o território da Palestina?". Chaim Weizmann respondeu: "Memory is right", a memória é um direito. Ou, de outra forma: a memória é sempre justa, não se engana.

Não é verdade. Chaim Weizmann mentiu, pois, na verdade, disse uma frase sem sentido. A memória não dá nenhum direito e não significa nada de ética ou juridicamente relevante. E, sobretudo, a memória pode errar, muitas vezes erra, quase diria que a memória sempre erra, porque reconstrói os eventos passados de acordo com critérios que no passado não existiam.

A memória é simplesmente a ficção de um retorno do passado. Um passado que, no entanto, é deformado, como Kundera tão bem aponta.

Apesar disso, a memória é o fundamento da nação: um fundamento enganoso, fictício, continuamente redefinido, porque, como acrescenta Kundera, a memória muda de acordo com o novo contexto. A memória, de fato, não é suficiente para fundar uma nação, pois, além da memória, é necessária a guerra.

A memória é fonte de ódio e guerra.

As potências ocidentais reconheceram, embora com algum atraso, a legitimidade da infundada solicitação de Weizmann. Após a Segunda Guerra Mundial, após a Shoá, assistimos ao nascimento de um país que, em nome da memória da memória, reivindicava seu direito de retornar a uma terra da qual acredita ter sido expulso há dois mil anos e reivindicava o direito de praticar violência contra a população árabe-palestina.

Assim, foi formulado o princípio *uma terra sem um povo para um povo sem terra*.

No entanto, era um princípio falso, porque nessa terra já havia um povo. Tanto é que o nascimento do Estado de Israel coincide com um massacre de dezenas de milhares de pessoas e com o início de um processo de perseguição e deportação que continua até hoje, setenta e cinco anos depois.

Desde o início, o Estado de Israel contém um princípio genocida. Justamente porque se baseia na premissa falsa de que a terra prometida por um deus altamente hipotético fosse uma terra sem povo, e desse momento em diante era necessário eliminar qualquer prova de que esse povo existia.

Era necessário exterminar o povo que mostrava a falsidade do pressuposto prioritário da criação do Estado de Israel.

Hoje, duas ou três gerações depois, os sionistas se tornaram a vanguarda do racismo no mundo.

Intelectuais como Bernard Henry Lévy ou Giuliano Ferrara ostentam seu judaísmo como se isso lhes desse o direito a qualquer tipo de prepotência. E, no entanto, não são vítimas, mas netos ou bisnetos das vítimas.

Aliás, é sabido que as vítimas quase sempre preferem não se lembrar disso, enquanto os netos das vítimas lembram constantemente a si mesmos e a todos os outros que eles são vítimas, e, portanto, são absolvidos por princípio de qualquer crime que possam cometer.

Esses herdeiros das vítimas não querem a paz, querem apenas se tornar algozes, como se isso restabelecesse um equilíbrio, uma justiça. São incapazes de esquecer, porque isso não lhes convém: perderiam seu privilégio.

O OLHAR DO PERSEGUIDOR COMO FONTE DA MEMÓRIA

> No decorrer do século XVI, tornou-se cada vez mais raro se conformar à antiga religião: estava surgindo uma nova geração que já não possuía um conhecimento direto do judaísmo oficial, nem qualquer noção da língua tradicional das orações, nem uma literatura que lhe servisse de guia; só se podia contar com a tradição oral e a autoridade das sagradas escrituras, ainda acessíveis na versão latina, à qual talvez pudessem ser acrescentados os editos e as acusações da própria Inquisição, que, em certos casos, se revelaram úteis para indicar aos que vacilavam na fé o que deveria ser feito, em vez de apontar as práticas a serem evitadas.[23]

Quando a memória é assediada pela perseguição, apenas o olhar do perseguidor permite aos perseguidos que se reconheçam.

Assim, constrói-se a identidade, doença da memória: por meio da assunção do olhar do outro como definição de si.

> Em relação a esta expulsão ou queda, o motivo recorrente do retorno também se apresenta como vão e ilusório, ou seja, a tentativa de inversão de marcha do Ocidente para o Oriente, da sociedade burguesa para o *shtetl*...
> Mas o *nostos* existe apenas como um ato ritual de memória e piedade, pois é dito em *Juden Auf Wanderschaft* que para os judeus orientais não há uma *heimat* em que possam se reintegrar como em Ítaca, mas só há túmulos em todos os cemitérios, para os quais retornam periodicamente, mas de forma fugaz, para depois partirem novamente.[24]

O túmulo é o sinal que permanece para quem sobrevive: um sinal que pode ser interpretado se conhecemos a língua em que estão escritas as letras na lápide, enquanto possuímos a memória do significado desses sinais.

---

23. Cecil Roth, *Storia dei marrani*, trad. Annamarcella Tedeschi Falco. Bolonha: Marietti, 2018, pp. 138–39.
24. Claudio Magris, *Lontano da dove*. Turim: Einaudi, 1989, p. 81.

> Gershom Scholem narra uma história hassídica que surgiu no círculo de Rabi Yisra'èl de Rischin: "Quando o Ba'al Shem Tov precisava realizar uma tarefa difícil, alguma coisa secreta para o bem das criaturas, ele ia a um local na floresta, acendia um fogo e rezava, imerso na meditação, e tudo se realizava conforme sua intenção. Quando, uma geração depois, o Maggid de Meseritz cumpria a mesma tarefa, ele ia ao mesmo local na floresta e dizia: 'Não podemos mais acender o fogo, mas podemos fazer as orações', e tudo acontecia conforme seu desejo. Ainda uma geração depois, Rabi Mosh Leib de Sassow, realizando a mesma tarefa, também ia à floresta e dizia: 'Não podemos mais acender o fogo, não conhecemos mais as meditações secretas que vivificam as orações, mas conhecemos o local na floresta em que tudo isso acontecia, e isso deve ser suficiente'. E, de fato, isso era suficiente. Mas quando, mais uma geração depois, Rabi Yisra'èl de Rischin também tinha que cumprir a mesma tarefa, ele se sentava numa cadeira de ouro, em seu castelo, e dizia: *Não podemos acender o fogo, não podemos fazer as orações, e não conhecemos mais o local na floresta: mas de tudo isso podemos contar a história*'.[25]

Em determinado momento, a memória nos sobrecarrega, como acontece com Funes, o memorioso de Borges, ou então perdemos a memória desse idioma, perdemos o significado desses sinais, como acontece com os habitantes de Macondo, dos quais Garcia Márquez fala em *Cem anos de solidão*.

O primeiro se lembra de cada detalhe de seu passado e de cada experiência, por mais irrelevante que seja, de modo que o excesso de memória o impede de viver e de pensar. Os habitantes de Macondo estão perdendo a memória do que significam as palavras e como as coisas se chamam, e então colam uma etiqueta em cada objeto com seu nome, até que a memória do significado desses sinais também desaparece. Nesse instante, quando a memória desaparece, o que resta?

Resta o olhar do inquisidor que diz a você quem você é, que o obriga a ser aquilo que ele vê.

---

25. *Ibid.*, p. 241.

POIS O ESQUECIMENTO NÃO É PERMITIDO

Confesso que acredito que seríamos todos mais felizes se fôssemos capazes de esquecer. No entanto, três mil anos de ódio, guerras e Bíblia provaram que não somos capazes. Não somos capazes de esquecer o mal recebido, por isso a memória nos assombra e nos empurra a repeti-lo, a usar contra os mais fracos a violência que sofremos dos que eram mais fortes que nós.

Assim, já que o esquecimento não nos é permitido, que venha a memória.

Mas que ao menos a memória seja respeitosa com a verdade.

A primeira verdade que lembramos é que os judeus foram vítimas de uma violência imensa por parte do regime nazista de Hitler e por parte de todos os povos europeus – os franceses, os poloneses, os italianos, os romenos e os ucranianos, que, em grande parte, apoiaram a perseguição aos judeus.

A segunda verdade é que esse extermínio é apenas um dos muitos extermínios por meio dos quais o supremacismo branco subjugou os povos do mundo por séculos, obrigando-os a suportar a exploração colonial.

A terceira verdade é que o Estado de Israel está continuando a cadeia de crimes e vinganças que é a história da modernidade tardia.

A violência de que os judeus foram vítimas na década de 1940 é a mesma violência da qual, em tempos diferentes, os povos colonizados da Ásia, da África e das Américas foram vítimas.

A campanha genocida que está sendo realizada em Gaza redefine brutalmente o próprio significado de nossa memória do passado.

A violência racista e colonialista de Israel não é uma novidade dos últimos meses; ela começa em 1948 com a deportação forçada de setecentos mil palestinos, e continua com a criação de um regime de apartheid, com a humilhação contínua dos palestinos pelas tropas israelenses, a destruição sistemática das habitações palestinas na Cisjordânia, a multiplicação dos assentamentos coloniais armados que colocaram a Cisjordânia sob controle militar. Desde 2005, Gaza é um verdadeiro campo de concentração do qual não se pode sair, e no qual a vida cotidiana é tornada impossível pelas constantes agressões.

Nos últimos anos, acreditávamos que a questão estivesse resolvida com a humilhação definitiva dos palestinos, mas a atroz vingança de 7 de outubro forçou todos a entender que isso não era verdade.

Após essa data, a resposta de Israel se tornou tão semelhante a um genocídio que ninguém no mundo pode mais ignorar o que muitos ignoravam até 7 de outubro: há 75 anos, os palestinos estão sendo submetidos a deportação, discriminação étnica, confinamento em campos de extermínio, assassinatos aleatórios e assassinatos seletivos.

Na Europa, é proibido dizer essas verdades que nenhum historiador poderá negar. Os que foram responsáveis pelo extermínio do povo judeu, ou seja, os povos europeus, se tornaram apoiadores da colonização israelense na Palestina após a derrota da Alemanha hitlerista. Aqueles entre os europeus que foram mais antissemitas no passado, que são mais abertamente fascistas no presente, são hoje os mais inflexíveis apoiadores do nacionalismo judaico.

Na Alemanha, a verdade oficial se baseia na premissa de que a atuação de Israel é incensurável. Mas, em nome dessa incensurabilidade de Israel (que pretende ser o Estado dos judeus), o Estado alemão tem processado criminalmente ou expulsado intelectuais judeus que criticavam Israel em nome de valores universais, em nome da defesa da vida humana.

As forças políticas e culturais que foram mais abertamente antissemitas e participaram do genocídio dos judeus são hoje as mais ferrenhas apoiadoras de Israel. Precisamente porque colaboraram com o nazismo e apoiam as políticas de Israel em relação aos palestinos.

Tais coisas precisam ser ditas no Dia da Memória, caso contrário, repetiremos palavras retóricas, hipócritas e falsas.

ALÉM DA MEMÓRIA

Enquanto atuamos a memória, seria apropriado também exercitar a imaginação e a previsão do futuro.

O efeito provocado pela agressão israelense escancarou um abismo entre o colonialismo e o mundo colonizado.

Num artigo publicado pela *Al Jazeera*, em 17 de janeiro de 2024, Saul Takahashi, professor na Universidade de Osaka, no Japão, argumenta que o evento Gaza será o túmulo da hegemonia ocidental sobre o mundo: "Ao apoiar as atrocidades de Israel em Gaza, o Ocidente dissipou o que restava de sua credibilidade e levou a crise da ordem internacional regulada a um ponto de não retorno."

Acredito que Takahashi tenha razão: Israel é percebido em todo o mundo como o bastião do colonialismo ocidental. Uma parte da comunidade judaica, especialmente na diáspora, está hoje plenamente ciente da inaceitabilidade das mentiras israelenses. *Israelism*, o documentário de Eric Axelman e Sam Eilertse, dois cineastas judeus, mostra a mistura de supremacismo e fanatismo étnico-religioso que tomou forma na cultura israelense e no evangelismo racista-trumpista norte-americano. E mostra como a fusão entre colonialismo secular e fundamentalismo religioso tem gerado efeitos de agressividade e opressão sistemática.

Gaza se tornou o núcleo de uma revolta ética de proporções globais: o mundo branco se fortalece de forma bélica em defesa do sionismo genocida, mas se encontra cada vez mais isolado, assediado pelo ódio crescente do Sul global e também pela revolta dos jovens, principalmente dos estudantes judeus americanos.

O colonialismo sobreviveu às lutas anticoloniais do século XX e hoje se apresenta como uma fera ferida, porém disposta a tudo para não desaparecer.

Sabemos que *disposta a tudo* significa: disposta ao genocídio.

A desintegração da civilização branca e o genocídio caminham lado a lado no contexto do século que está em curso.

A desintegração

A desintegração está na ordem do dia em todo o Ocidente.

A população de cada país europeu, assim como a dos Estados Unidos, sem mencionar a de Israel, se divide de maneira irreconciliável em torno de alternativas, em grande parte falsas, como a alternativa entre democracia liberal e tirania autoritária.

Não há nenhuma democracia liberal, e é redutor definir o poder de Putin ou de Trump como tirania autoritária. Ambas as formas são, na verdade, a manifestação política (ou seja, espetacular) do poder cada vez mais inevitável do sistema financeiro e do sistema tecnomilitar. No entanto, se a alternativa entre democracia liberal e soberania autoritária é falsa, a desintegração é verdadeira.

Não se trata, por ora, de uma desintegração política, mas de uma desintegração psíquica e cultural. A desintegração política está destinada a seguir seu curso.

A impotência da vontade política em governar a devastação ambiental, assim como os fluxos financeiros, e em conter o empobrecimento que daí decorre, produziu na mente branca um efeito de humilhação e de repressão. Para reprimir a própria impotência, é preciso culpar alguém: os estrangeiros, os imigrantes.

O envelhecimento e a perda de energia psicossexual ampliaram o medo de uma invasão de estrangeiros jovens.

O colapso da ética protestante, substituída pelas fés barrocas do evangelismo midiático, espalhou um monstruoso amálgama de infantilismo e cinismo: o triunfo de Trump não é (somente) a crise da democracia política, mas, sobretudo, sinaliza o colapso psicótico de uma população envelhecida e cognitivamente destruída. O conflito entre quem acredita no exorcismo autoritário e quem acredita no exorcismo democrático levou as sociedades ocidentais a um ponto de ruptura irreversível, porque os exorcismos não servem para restaurar uma ordem política que antes se baseava na integração social, cultural e psíquica.

ISRAEL PSICÓTICA

Dessa desintegração da mente ocidental, os Estados Unidos são o cenário mais vasto e alarmante, mas Israel é talvez o lugar em que a desintegração psíquica terá efeitos mais explosivos.

Israel poderá adiar a desintegração apenas prolongando a guerra genocida que devasta a existência de milhões de homens e mulheres palestinas, mas também a mente de milhões de homens e mulheres israelenses.

Num artigo publicado em novembro de 2024, Anna Foa usou a expressão *perder a alma*, referindo-se ao perigo de que a ideia de que Israel é uma democracia, que aspira à paz e à segurança, pode se revelar uma ilusão.

Minha convicção é que a alma israelense sempre esteve sobrecarregada pela consciência de uma *culpa* original, de uma violência colonialista fundadora. A ilusão de um futuro de paz poderia ter perdurado e ter sido transmitida, talvez, até o 7 de outubro. Hoje, ninguém mais pode acreditar nisso, e de Israel não só resta a ferocidade, mas também a íntima fraqueza, a vergonha que não pode ser removida para sempre da consciência, e a conscientização do fato de que, apesar do genocídio, o tempo não trabalha a favor desse país genocida.

Os israelenses conseguiram até agora não ver o que o mundo todo viu: o genocídio que está em curso a poucos quilômetros de suas casas.

Os israelenses conseguiram não saber que o principal responsável pelo massacre de 7 de outubro é Benjamin Netanyahu, como explicou o historiador israelense Adam Raz, num livro intitulado *The Road to October 7: Benjamin Netanyahu, the Production of the Endless Conflict and Israel's Moral Degradation*.

Os israelenses conseguiram não entender que o que seus soldados cometeram e continuam cometendo é um genocídio.

Mas quando as frágeis defesas da repressão desmoronarem, quando forem forçados a perceber o fato de que qualquer pessoa decente no mundo sente horror pelo que Israel fez e faz, não acredito que Israel consiga continuar sua existência.

Israel jamais deveria ter nascido. Os ingleses jamais deveriam ter criado tal monstro, os norte-americanos jamais deveriam tê-lo apoiado. Contudo, agora, Israel está rapidamente destinada à autodestruição, porque o horror que os israelenses semearam, e que acabará por obnubilar suas mentes, já está levando seu povo ao suicídio.

A imprensa não divulga os números de soldados israelenses que se suicidam após o retorno do *front* de batalha, não informa sobre a onda de colapsos emocionais com consequências psicóticas, nem sobre o aumento dos distúrbios pós-traumáticos entre os jovens assassinos das Forças de Defesa de Israel.

Escreve uma jornalista do jornal israelense *Haaretz*, Dahlia Scheindlin:

> *Trigger warning.* Ninguém me avisou na semana passada, quando, numa manhã, apareceu em meu *feed* a foto de uma garota com metade da cabeça. Sua capa rosa macia era quase indistinguível da matéria que um dia foi o crânio. Seu rosto, no entanto, estava em parte preservado, seus olhos congelados, semiabertos, e ainda assim fixos em minha direção.

O horror de si vai se acumulando na psique israelense.

Dahlia Scheindlin se pergunta então se os soldados enviados para a ofensiva, em Gaza, deveriam se recusar a obedecer às ordens militares: "A questão da recusa em obedecer a ordens militares continua sendo uma das mais sensíveis, mas é um tema tóxico em Israel". Talvez: um tema que não pode ser discutido?

No jornal *Manifesto*, em 24 de outubro de 2024, Sara Parenzo escreve:

> Mais de 12 meses de exposição mais ou menos direta à violência: mortes, feridos, reféns, deslocados, manifestações, incerteza econômica

e política e perigo constante, tudo manobrado por instituições que, em vez de guiar o país para fora da crise, só fazem jogar gasolina no fogo, conseguiram manobrar até o sistema nervoso dos mais resilientes.

O esgotamento físico e psíquico dos algozes israelenses me faz me lembrar do que Jonathan Littell descreve em seu romance *As benevolentes*: o estado de estagnação mental, de náusea, o horror autorreferente em que se encontram as ss que, por meses e anos, mataram, torturaram, massacraram... e, por fim, não conseguem mais reconhecer o próprio rosto no espelho.

O horror que os exterminadores da IDF provocam em qualquer pessoa dotada de sentimentos humanos não pode deixar de agir como fator de íntima desintegração nas pessoas que cometeram atos que as tornaram idênticas aos exterminadores nazistas.

O reverso psicótico da identificação com o opressor se manifestará, em muitos casos, como ódio de si mesmo.

Sob esse ponto de vista, a armadilha atroz armada pelo Hamas funcionou perfeitamente: o dilema dos reféns provoca uma laceração que não será cicatrizada.

O ressentimento contra Netanyahu, que fez tudo o que pôde para prolongar a guerra, como se não se importasse de forma alguma com a salvação dos reféns, está destinado a gerar efeitos políticos explosivos, quando, cedo ou tarde, a prestação de contas for feita e o cobrarem pela condução cínica do massacre.

É muito provável que sejam imputadas responsabilidades ao grupo dirigente israelense pelo massacre de 7 de outubro, o que Adam Raz escreveu não pode ficar restrito à consciência de poucos.

O que acontecerá quando todos forem forçados a saber que aquelas mil e duzentas mortes estão na consciência do carrasco Netanyahu?

A sociedade israelense está destinada a se desintegrar sob o peso do horror de si mesma, mas não apenas por isso.

A economia está em colapso há tempos, e não é o caso de uma conjuntura provisória, porque as pessoas que têm um nível profissional que lhes permite encontrar trabalho fora do país estão indo embora. Os médicos estão indo embora. Os empresários estão fugindo.

Quantos intelectuais dignos deste nome poderão permanecer num país que se distingue pela ferocidade e fanatismo? Em Israel, há uma minoria corajosa que continua realizando seu trabalho de informação e crítica, como demonstram experiências de excelência intelectual, como a revista 972 e o jornal *Haaretz*. Mas, no final de novembro de 2024, o governo de Israel (a única democracia do Oriente Médio, certo?) começou a apertar o cerco ao jornal *Haaretz*, proibindo financiamentos publicitários para o periódico que se recusa a se curvar ao fascismo da única democracia do Oriente Médio.

Quem permanecerá então?

Permanecerão os fanáticos religiosos e aqueles que chegaram a Israel com o objetivo de tomar a terra alheia, os colonos que Ben-Gvir armou com cem mil metralhadoras.

Até eles, com suas belas metralhadoras e suas mãos sujas de sangue das crianças da Cisjordânia, terão que entender a qualquer momento: Israel está cercada pelo ódio de dois bilhões de muçulmanos, é um país onde qualquer carro que passe pela rua pode, de repente, explodir e matar pessoas que estão no ponto de ônibus.

Em tais condições, o que poderá deter a desintegração desse país que jamais deveria ter existido?

É verdade que os abutres das finanças internacionais começaram a investir na reconstrução de Gaza, após o genocídio e a deportação.

"Estou incrivelmente otimista sobre a economia tecnológica de Israel e sua economia em geral", disse numa entrevista recente ao jornal financeiro *Globes*, Shaun Maguire, parceiro da Sequoia Capital, um dos maiores fundos de capital de risco do mundo.

É verdade que no quarto trimestre de 2024, enquanto os cadáveres se acumulavam acima e abaixo dos escombros, houve um crescimento de 3,4 pontos percentuais do produto interno bruto do país genocida.

Por outro lado, muitas empresas multinacionais abandonaram o país do genocídio, a China está rescindindo contratos para fornecimento de componentes eletrônicos para carros elétricos, porque a brincadeirinha dos *pagers* explosivos gerou reflexão: não vale a pena ficar refém de assassinos profissionais de alta tecnologia. O turismo acabou, e é difícil imaginar como possa renascer.

No dia 28 de maio de 2024, cento e trinta economistas israelenses de renome escreveram ao seu governo dizendo que o país entrou num ciclo que o levará ao colapso.

Entre os signatários da carta publicada pelo jornal israelense *Globes* estão: prof. Eitan Sheshinski, prof. Manuel Trajtenberg, prof. Avi Ben-Bassat, prof. Danny Ben David, dr. Michael Sarel, prof. Momi Dahan, prof. Itai Ater, prof. Omer Moav, prof. Leo Leiderman, prof. Amir Barnea, prof. Yossi Spiegel, e ex-oficiais seniores do governo, como David Brodet, Keren Terner, Shaul Meridor, prof. Udi Nisan, prof. Michel Strawczynski e Roni Hizkiyahu.

A DESINTEGRAÇÃO DA MAIOR POTÊNCIA DE TODOS OS TEMPOS

Como destruir a maior potência militar de todos os tempos?

Uma pergunta interessante à qual ninguém havia conseguido responder até o momento em que dois aviões guiados pelos emissários de Osama bin Laden apareceram no céu de Nova York.

Em sua brutalidade, esse ataque foi uma obra-prima de estratégia e iniciou o processo que hoje chega ao seu ponto de virada. O grupo dirigente norte-americano fez exatamente o que bin Laden havia esperado, desejado e almejado. Um presidente pouco dotado intelectualmente seguiu as instruções de seu vice, interessado apenas em obter lucros para suas empresas que ofereciam serviços para a guerra. Foi assim que os Estados Unidos começaram o processo que os levou até 2021, quando o pobre Biden se apresentou diante das câmeras para murmurar diante de todo o mundo frases sem sentido, mentiras óbvias e garantias de que tudo em Cabul estava acontecendo conforme o previsto. Enquanto Biden falava, no aeroporto o caos de violência imperava, as pessoas se escalavam nas fuselagens de aviões prestes a decolar, quando a explosão de uma bomba matou mais de duzentas pessoas.

Nos anos seguintes, Biden teve a ideia de empurrar os ucranianos para a guerra.

Esquecendo o princípio elementar que guia todo Império que deseja sobreviver, *divide et impera*, Biden obteve o resultado previsível, aproximando a Rússia da China numa aliança militar. Dois anos e meio depois, a Ucrânia se encontra em condições desastrosas, a derrota final parece inevitável, enquanto o *front* antiocidental cresceu no âmbito econômico, diplomático e militar.

Nesse contexto, vimos a briga eleitoral entre os dois velhotes, depois acompanhamos a desistência de Biden por evidente incapacidade de governar, a breve aparição de Kamala Harris e, finalmente, o triunfo do homem que promete devolver aos americanos furiosos seu poder: *America Über Alles*.[1]

No entanto, a eleição de Trump só conseguirá acelerar a desintegração.

Uma quadrilha de mafiosos, racistas e estupradores, conclamados à Casa Branca, dificilmente será capaz de conviver com o aparato do Estado profundo, ou seja, com uma quadrilha concorrente de estupradores, racistas e mafiosos.

Como conseguirá o aparato militar conviver por muito tempo com um presidente que propõe a destruição da Organização do Tratado do Atlântico Norte?

Como poderão os habitantes das costas Leste e Oeste conviver com a ofensiva autoritária?

Como poderá a grande deportação dos imigrantes conviver com uma economia que se baseia, em grande parte, nos baixos salários dos trabalhadores ilegais?

É previsível que se desencadeie, em algum momento, uma guerra civil?

Mas o que significa guerra civil num país onde cada cidadão possui pelo menos uma arma de fogo, e muitos possuem quatro, dez, vinte e cinco?

Não acredito que haverá uma guerra civil como acontecia nos tempos da guerra civil espanhola, com multidões armadas se enfrentando ao longo de uma linha de frente mais ou menos definida. Não, não é assim que se desenvolve a guerra civil da era pós-política da demência hipermidiática.

---

1. *América acima de tudo* é uma variação do famoso lema alemão *Deutschland Über Alles*. [N. T.]

Teremos uma multiplicação de tiroteios racistas, teremos um aumento de massacres, teremos simplesmente o que já existe, mas cada vez mais disperso, áspero e violento.

No livro investigativo *Deaths of Despair and the Future of Capitalism*, de 2020, Anne Case e Angus Deaton descrevem a situação psicossanitária do colosso demencial: aumento da mortalidade, particularmente entre os brancos de 45-54 anos, alcoolismo, suicídio, uso de armas de fogo, obesidade e dependência de opioides (como o fentanil). Queda geral da expectativa de vida (única entre os países avançados): de 78,8 anos, em 2014, para 76,3 anos, em 2021. Tudo isso com o maior gasto em saúde do mundo (equivalente a 18,8% do PIB).

Mas isso não significa, de forma alguma, que podemos esperar uma pacífica desintegração do poder norte-americano. Como Polifemo, cegado por Ulisses, desfere golpes contra quem se aproxima, o colosso assim está destinado a reagir com fúria desenfreada.

Após 6 de novembro de 2024, os vencedores absolutos do último círculo do inferno norte-americano começaram a encenar o espetáculo de uma orgia que anuncia o desencadeamento da violência racista numa escala que é difícil de imaginar.

A deportação em massa dos imigrantes ilegais, sobre a qual Trump centrou sua campanha eleitoral, dificilmente poderá ser realizada de forma legal. Esse projeto, por si só, nazistoide, não pode senão significar o retorno do Ku Klux Klan nas cidades e vilarejos do país.

Sua exploração industrial jamais se emancipou realmente das regras da escravidão, que formalmente foi imposta em sua forma mais dura a milhões de deportados negros, mas que continua hoje na precariedade estrutural do trabalho: total dependência sem qualquer garantia.

Quando a escravidão foi abolida após a guerra civil (a abolição séria, não a carnavalesca e fragmentada que mata, sem qualquer razão, a não ser a loucura), foi aprovada a 13ª emenda da Constituição. A emenda especificava que a escravidão não era mais legal, com exceção dos casos em que fosse imposta como punição por um crime.

Desde então, o encarceramento de pessoas afro-americanas tem sido um dado constante na história do país. Em 2015, 55% das pessoas detidas eram negras, embora os afro-americanos representem apenas 12% da população total dos EUA.

AGRADECIMENTO

Quem quiser entender o povo que levou Trump à sua segunda vitória e o destino manifesto desse grande país deve começar pela história, e também um pouco pela mitologia.

Pensemos no mito fundador que se celebra todos os anos no mês de novembro.

Em 1621, na localidade costeira de Plymouth, os primeiros colonizadores, protestantes ingleses de observância calvinista, tiveram que enfrentar uma fome que ameaçava matá-los. Foram, no entanto, salvos por grupos de indígenas Wampanoag com ofertas de comida e ensinamentos sobre o que deveria ser cultivado para que tivessem colheitas abundantes.

Depois que se alimentaram o suficiente, os devotos colonos, em sinal de agradecimento, começaram a exterminar seus benfeitores, e continuaram a exterminá-los por alguns séculos, até que o genocídio fosse totalmente consumado.

O genocídio mais perfeito da história.

Desde então, todo 4 de novembro, os descendentes desses assassinos renovam o agradecimento.

Feita essa premissa, entenderemos em que sentido Donald Trump é a verdade do povo americano, a melhor expressão de um povo que nasce da traição e do genocídio, que cresceu colocando em prática a escravidão e que não conhece outra forma de relação senão a violência e a opressão.

O inconsciente desse povo está tão devastado pelo horror passado e presente que expele enunciações e proposições que denotam um imenso e doloroso desprezo por si mesmo.

Nesse panorama psíquico, o homem laranja desempenha uma função terapêutica. O caráter obsceno de suas manifestações – que os democratas consideram escorregões escandalosos destinados a serem punidos pelos eleitores – é, na verdade, o ponto forte de sua comunicação.

A coprolalia no poder.[2]

O TRIUNFO DE TRUMP, A DERROTA DA AMÉRICA

Num artigo publicado no *e-flux*, "After Trump's victory: from maga to mega", Slavoj Žižek diz que Trump se comporta como um sujeito que defeca ruidosamente num canto qualquer durante uma festa da elite democrática. Isso é exatamente o que seus eleitores querem ver. Não só isso: a violência verbal dos que exaltam o racismo, a violência e a tortura é uma espécie de *performance da crueldade*, uma exibição do obsceno com a qual o eleitorado senil e tendente à demência, de muitos países ocidentais, se identifica de forma entusiasmada. O não dito é clamorosamente proclamado, o inconsciente finalmente pode celebrar sua orgia necrofílica, como num carnaval em épocas muito sombrias.

No mesmo artigo, Žižek relativiza o triunfo de Trump e tenta vê-lo em perspectiva: a fórmula *Maga* deveria ser vista de forma invertida. Após décadas de derrotas militares contra povos menos poderosos, em termos de armamentos, porém menos estúpidos e corruptos, a superpotência reconhece que não pode continuar uma política de hegemonia global e que deve se retirar, aceitando, sem admitir, uma posição de potência local que precisa se confrontar em pé de igualdade com outras potências locais, como a Rússia, a China e a Índia.

Será assim, de fato?

Não sei, mas me pergunto se o inconsciente perturbado desse país aceitará esse redimensionamento que Trump anuncia como se fosse um renascimento, mas que, na verdade, é o reconhecimento de uma derrota.

---

2. Coprolalia é o termo médico utilizado para descrever o ato de proferir palavras ou frases vulgarmente obscenas, xingamentos ou expressões socialmente inaceitáveis de maneira involuntária. [N. T.]

Segundo Žižek, além disso, com o redimensionamento do papel geopolítico norte-americano, que se esconde atrás da premissa de *fazer a América grande novamente*, a Europa poderia sair fortalecida, porque não seria mais a *irmã mais nova* do gigante. Neste caso, também tenho algumas dúvidas.

Isso só seria verdade se a Europa realmente existisse, enquanto a guerra na Ucrânia empurrou a União Europeia para uma posição de irrelevância, fraqueza e rápida desintegração.

A crise de governo alemã, e sobretudo a recessão econômica dificilmente controlável, enfraquecem a União Europeia de maneira decisiva, e a derrota estratégica na guerra contra a Rússia de Putin a empurra para a desintegração. Ela está se preparando para abandonar a Ucrânia, depois de tê-la empurrado para tal aventura. Enquanto isso, eleição após eleição, Putin está ganhando a maioria nos Parlamentos do continente.

Desde os tempos do verão grego, quando muitos entenderam que os vínculos financeiros são um nó no pescoço, a desintegração da União serpenteia subterrânea, mas agora a derrota militar ucraniana acelera esse processo, fazendo com que sua desintegração precipite perigosamente num abismo, e os europeus precisam decidir se levarão o conflito até suas últimas consequências, sabendo o que isso significa, depois que Putin aperfeiçoou novas disposições relativas ao uso da força nuclear.

A escolha militarista e russofóbica dos demoliberais da União jamais correspondeu aos interesses europeus. Mas agora, depois de forçar a Europa a se mobilizar tragicamente, e até um pouco comicamente, a liderança norte-americana repensou: muitos cumprimentos ao lixo da história, a Ucrânia afunda num inverno de dor e frio, e a Alemanha se desmorona, enquanto Jack Vance propõe ceder à Rússia os territórios que ela conquistou com as armas.

A erupção psicótica do inconsciente americano

> Tanto quanto algas mutantes e monstruosas invadem as águas de Veneza, as telas de televisão estão saturadas de uma população de imagens e de enunciados *degenerados*. Uma outra espécie de alga, desta vez relativa à ecologia social, consiste nessa liberdade de proliferação que é consentida a homens como Donald Trump que se apodera de bairros inteiros de Nova York, de Atlantic City etc., para *renová-los*, aumentar os aluguéis e, ao mesmo tempo, rechaçar dezenas de milhares de famílias pobres, cuja maior parte é condenada a se tornar homeless, o equivalente dos peixes mortos da ecologia ambiental.[1]
>
> *As três ecologias*
FÉLIX GUATTARI

> Em Berlim, há um museu dedicado às vítimas do Holocausto. Em Washington, não há um só museu dedicado às vítimas da escravidão.
>
> *As três ecologias*
PAUL AUSTER

A REVOLUÇÃO DE TRUMP EM DUAS JOGADAS

Vocês lembram o que Joe Biden disse alguns meses atrás sobre a possibilidade de uma vitória de Trump nas eleições? Disse, mais ou menos, que a vitória de Trump destruiria a democracia norte-americana.

---

1. Félix Guattari, *As três ecologias*, trad. Maria Cristina F. Bittencourt. Campinas: Papirus, 1990, p. 25.

Não estava errado: admitindo que no país tenha existido alguma vez democracia (uma suposição bastante discutível), a ascensão da quadrilha Trump-Bannon-Musk representa sua liquidação em total conformidade.

A revolução trumpista (que pelo menos nas intenções se apresenta como uma revolução, ainda que reacionária) deveria acontecer em duas jogadas: a primeira jogada foi anunciada por Steve Bannon, o diabólico estrategista, o mais lúcido da simpática quadrilha de assassinos.

Num discurso na Universidade de Nova York, após o primeiro triunfo de Donald, Bannon declarou: "Sou um leninista".

Ao acadêmico atônito que o recepcionava e pediu explicações, Bannon respondeu: "Lenin queria destruir o Estado e este também é meu objetivo".

Na realidade, a nomeação de racistas, estupradores, ignorantes e comediantes para os cargos mais altos da Administração vai na direção de transformar as instituições estatais numa algazarra carnavalesca, para destruir a esfera pública.

Mas se para Lenin destruir o Estado era a premissa necessária para que se construísse a ditadura do proletariado em nome de uma justiça futura que jamais chegou, para Bannon significa deixar soltas as profundas dinâmicas da sociedade americana.

Eis a segunda jogada, cujo responsável é Elon Musk: soltar os espíritos animalescos da sociedade norte-americana, nascida de um genocídio e enriquecida pela deportação e pela escravidão, partindo de uma reativação de suas dinâmicas selvagens.

O projeto de Musk é a criação de um sistema de escravidão de alta tecnologia, a abolição das proteções sociais remanescentes, o uso sistemático do terror contra as minorias e os imigrantes. A implementação desse quadro programático começa a ser visível nas declarações e nos primeiros passos do projeto Doge.

Fingir que os Estados Unidos são uma democracia (admitindo que esta palavra queira dizer alguma coisa) implica um estado de sistemática e obstinada repressão (no sentido freudiano de *Verdrängung*) da psicogênese do inconsciente norte-americano.

As pessoas que se recusam a reconhecer as raízes profundas do racismo nessa cultura não são capazes de explicar o que agora vem à tona: Trump é a alma autêntica da nação banhada de sangue, como a define Paul Auster no livro publicado pouco antes de sua morte.

Melhor dizendo: Trump é a erupção psicótica do inconsciente branco senil, é a monstruosa forma política na qual se manifesta a inumerável multidão de fantasmas que assombram a memória e a autopercepção desse povo infeliz.

O trumpismo é a extroversão agressiva do intolerável autodesprezo da cultura branca americana.

UMA NAÇÃO BANHADA DE SANGUE

O desprezo de si nasce da herança de violência que marca de forma indelével o inconsciente norte-americano, e da percepção de que a vida cotidiana é um inferno psicótico por razões inscritas na história passada e no próprio panorama físico das cidades e subúrbios. No livro de Auster, foram publicadas as fotos de Spencer Outstrander, que retratam lugares nos quais aconteceram tiroteios em massa. São lugares desertos, espectrais. Espectral, sinistro e sórdido: estas são as palavras que me vêm à mente se tento definir o panorama antropológico do qual Auster reconstrói a gênese histórica.

> Por volta de 1670, quando os senhores de escravos brancos das Barbados começaram a se transferir para a Carolina do Sul, eles importaram as práticas de gestão de escravos já consolidadas em sua terra natal, incluindo a criação das chamadas *patrulhas de escravos*, uma milícia que caçava os escravos fugitivos, posteriormente incorporada nas milícias maiores, voltadas a combater e exterminar os índios [...] e que, para garantir a proteção de uma economia baseada na mão de obra sem custo, foi dada ampla liberdade para realizar blitz e capturar os escravos fugitivos. [...] Essencialmente, as patrulhas de escravos constituíram as primeiras forças policiais na América, e até o fim da guerra civil, funcionavam como uma espécie de Gestapo do Sul.[2]

---

2. Paul Auster, *Una nazione bagnata di sangue*, trad. Cristiana Mennella. Turim: Einaudi, 2024, p. 41.

Essa história pátria permanece indelevelmente na memória inconsciente do país, e em alguns momentos, quando se sente ameaçada, ela emerge com raiva. Nenhuma tentativa de refletir sobre esse passado, de elaborar o horror acumulado no inconsciente coletivo, jamais conseguiu mudar a percepção que a América branca tem de si mesma.

> Este é um país nascido na violência, com cento e oitenta anos de pré-história vividos em contínuo estado de guerra com os habitantes das terras de que nos apropriamos e com contínuos atos de opressão contra nossa minoria escravizada: dois pecados que trouxemos para a Revolução e que ainda não expiamos. [...] Os alemães encararam a barbárie e a desumanidade do regime nazista, mas os americanos ainda erguem as bandeiras de guerra confederadas por todo o Sul e não só, e comemoram a causa perdida com centenas de estátuas que celebram os políticos e generais traidores que dividiram a união e transformaram os Estados Unidos em dois países. [...] Em Berlim, há um museu dedicado às vítimas do Holocausto. Em Washington, não há um único museu dedicado às vítimas da escravidão.[3]

Pelo contrário, a escravidão é o programa explícito dos vencedores das eleições de novembro de 2024: uma escravidão regulada por correntes digitais, uma escravidão que, mais uma vez, deve se impor em nome da liberdade.

"Como é possível que os gritos mais altos a favor da liberdade venham dos traficantes de escravos negros?", perguntava Samuel Johnson há dois séculos e meio.

Auster interpreta a adoração fanática pelas armas de fogo, ou seja, a intangibilidade jurídica do direito de atirar em público e em privado, como um produto dessa marca racista e genocida.

Nos últimos anos, enquanto a febre trumpiana crescia ano após ano, as páginas policiais se multiplicavam com episódios de massacres esquizoides, os *mass shootings*.

> Enquanto a epidemia de tiroteios em massa continua a se espalhar, muitos dos assassinos mais jovens aspiram a superar o total de vítimas alcançado por seus predecessores.[4]

---

3. *Ibid.*, p. 101.
4. *Ibid.*, p. 68.

Década após década, os movimentos de protesto se reapresentaram: a minoria que cultiva uma sensibilidade não assassina vai às ruas, reúne-se em centros sociais e livrarias, luta para regular a venda de armas de fogo e, às vezes, explode em breves insurreições sem esperança. Auster conclui seu livro lembrando os dias em que multidões de negros, brancos e latinos tomaram as ruas das cidades americanas gritando: *I can't breathe*.

> As manifestações que seguiram o assassinato de George Floyd foram para mim o único sinal de esperança para o nosso bem-estar coletivo durante os primeiros dias sombrios da pandemia, enquanto grandes multidões bi-raciais marchavam unidas em mais de duas mil cidades e pequenos centros por todo o país. Mas ainda não se sabe ao certo se essas demonstrações de unidade entre brancos e negros representam uma verdadeira mudança no clima na América ou nada mais que um momentâneo raio de sol.[5]

Auster morreu antes de saber o fim da história, que nós, por sua vez, somos forçados a olhar com angústia.

O clima na América está mais sombrio que nunca, apesar dos breves momentos de clareza mencionados pelo autor da *Trilogia de Nova York*.

Após as eleições de novembro de 2024, os herdeiros das *slave patrol*, os herdeiros do Ku Klux Klan, fortalecidos pelas redes sociais e por armas cada vez mais letais, tomaram todo o poder político no país líder do mundo livre.

Viva!

Como primeira ação, os vencedores da competição democrática propõem a maior deportação em massa da história.

Enquanto escrevo, não posso saber como vai terminar esse projeto nazista. Muitos especialistas, nesse tipo de questão, acreditam que não é realista deportar um milhão de imigrantes ilegais, como prometem os vencedores. Sem esquecer que um milhão é menos de um décimo dos imigrantes ilegais que trabalham por

---

5. *Ibid.*, p. 106.

baixos salários, consomem mercadorias de baixa qualidade, têm famílias e filhos que frequentam a escola, e que agora terão que se esconder ou sentirão todos os dias o medo de serem expulsos.

Uma coisa muito provável é que a campanha de deportação crie um clima de perseguição administrativa e policial, de pogroms raciais, insegurança, desconfiança e violência.

Não podemos saber (e é difícil de imaginar) o que aguarda os imigrantes, as minorias, as mulheres desse país miserável, mas para entendermos seu destino manifesto, para imaginarmos seu futuro político e geopolítico, precisamos levar em conta seu retrocesso antropológico e psicopatológico. De fato, não podemos entender a dinâmica política interna e externa da entidade norte-americana se não entendermos que o inconsciente do país está repleto de fantasmas, horrores, vingança e, sobretudo, de um imenso e inconfessável autodesprezo.

O IMPÉRIO DE AUGUSTO A CALÍGULA

Vinte e cinco anos atrás, muitos de nós lemos *Império*, um livro no qual Michael Hardt e Toni Negri escreviam:

> O Império é o poder soberano que governa o mundo. [...] O Império está surgindo como um centro que sustenta a globalização das redes produtivas e tece uma rede ampla e abrangente para incluir todas as relações de poder dentro de sua ordem mundial.[6]

No livro, Hardt e Negri sustentavam que "a sociedade de controle (que se desenvolve nos limites extremos da modernidade e inaugura a pós-modernidade) é, ao contrário, um tipo de sociedade em que os mecanismos de comando se tornam cada vez mais 'democráticos', cada vez mais imersos no social, e são distribuídos por meio dos cérebros e corpos dos indivíduos".[7]

---

6. Michael Hardt, Toni Negri, *Império*, trad. Berilo Vargas. Rio de Janeiro: Editora Record, 2001.
7. *Ibid.*

Ofuscados pela luz da era Clinton, os autores do livro removiam a substância niilista do poder global dos Estados Unidos e a função potencialmente destrutiva das novas tecnologias fortemente ligadas ao modelo econômico do neoliberalismo.

Por isso, viam o triunfo do projeto norte-americano após 1989 como o equivalente à tendência progressista implícita na utopia da revolução na rede. No entanto, essa tendência igualitária e libertária era uma utopia. Somente as pessoas que haviam ouvido falar da novidade impressionante da rede, sem conhecerem sua gênese por dentro, puderam acreditar que tal utopia fosse a realidade do Império.

> Este projeto imperial, um projeto global de poder em rede, marca a quarta fase e o quarto regime da história constitucional americana.[8]

Relendo-o hoje, parece evidente que aos autores, na formulação de sua tese, escapou a duplicidade do paradigma de rede que estava alimentando tanto a internet como a agenda neoliberal.

Consequentemente, o futuro do mundo lhes parecia pacificado pelo Império horizontal: paz e prosperidade baseadas no princípio *peer-to-peer*.[9]

Não aconteceu dessa forma.

Num livro intitulado *Fúria*, publicado em 2000, Salman Rushdie antecipou o que estava se preparando nas mentes e na metrópole de Nova York.

> Como poderia ele ter se convencido de que esta cidade, obcecada pelo dinheiro, seria suficiente para salvá-lo? Esta Gotham City onde o Coringa e os Pinguins faziam o que queriam sem um Batman (e nem mesmo um Robin) que frustrasse seus planos, esta Metrópole feita de kryptonita na qual nenhum Superman ousava pisar, onde a acumulação era confundida com riqueza e a alegria da posse com felicidade, onde as pessoas viviam uma vida tão bem acabada e polida, porque as grandes e duras verdades da existência crua haviam sido lixadas, e onde as almas humanas estavam tão distantes umas das

---

8. *Ibid.*
9. Modelo de rede que permite a comunicação entre computadores diretamente, sem intermediários. A tradução literal é *ponto a ponto*. [N. T.]

outras por tanto tempo que mal se lembravam de como se tocar; esta cidade cuja mítica corrente elétrica atravessava as barreiras erguidas entre homens e homens, também entre homens e mulheres?[10]

E também, num lampejo de genialidade:

> Quem demoliu a Cidade sobre a Colina e colocou em seu lugar uma fila de cadeiras elétricas, essas distribuidoras democráticas de morte nas quais todos, inocentes, loucos e culpados podiam vir para morrer lado a lado? Quem asfaltou o Paraíso e o transformou num estacionamento? Quem se conformou com o tédio de George W. Gush e o sentimentalismo de Al Bore? Quem tirou Charlton Heston da jaula e depois perguntou por que tantas crianças eram vítimas de tiroteios?[11]

E concluindo:

> Era o mundo inteiro que tinha o pavio curto. Havia uma faca girando em cada barriga, uma chibatada para cada dorso. Estávamos todos dolorosamente provocados. Ouviam-se explosões de todos os lados. A vida humana agora se vivia no momento antes da fúria, quando a raiva crescia, ou no momento durante – a hora da fúria, o momento da fera solta – ou na trilha devastada de uma grande violência, quando a fúria diminuía e o caos começava a se acalmar, até que a maré começava, mais uma vez, a mudar. As crateras – nas cidades, nos desertos, nas nações, no coração – haviam se tornado um clichê. As pessoas rosnavam e se encolhiam entre os destroços dos próprios pecados.[12]

Como muitos observaram nesses dias, o romance de Rushdie (uma história surreal de bonecas de plástico nos arranha-céus de Manhattan) parecia pressentir a chegada dos aviões da Al-Qaeda.

Essa tensão subterrânea escapa aos autores de *Império*, que escrevem, em vez disso:

> O Império pode ser representado apenas como uma república universal, uma rede de poderes e contrapoderes estruturados por uma arquitetura inclusiva e ilimitada. A expansão imperial não tem nada a ver com o im-

---

10. Salman Rushdie, *Furia*, trad. Vincenzo Mantovani. Milão: Mondadori, 2002.
11. *Ibid.*
12. *Ibid.*

perialismo, nem com a iniciativa das formas estatais voltadas para a conquista, o saque, o genocídio, a colonização e a escravidão. Contra esse imperialismo, o Império estende e consolida o modelo da rede de poderes.[13]

Império foi publicado em 2000. Poucos meses depois, a nova economia baseada na tecnologia digital desabou no famoso *dot-com crash*,[14] que produziu a queda das expectativas de uma economia livre da rede e abriu as portas para a intervenção dos gigantes da empresa privada digital. No final de 2001, além disso, a Al-Qaeda deu início à guerra que continuaria na onda terrorista do Daesh e nas guerras antiterrorismo no Irã, no Afeganistão e em outros países.

No entanto, os autores de *Império* pareciam convencidos de que a expansão do império aconteceria de forma intrinsecamente pacífica.

> Por fim, é importante lembrar que, na base do desenvolvimento e da expansão do Império, está a ideia de paz. Trata-se de uma ideia imanente de paz, irredutivelmente oposta à acepção transcendental – ou seja, à tese de que apenas o soberano transcendental pode impô-la a uma sociedade cuja natureza é marcada pela guerra. No Império, ao contrário, domina a paz.[15]

Na mesma página, Hardt e Negri citam Virgílio: "A era final, predita pelo oráculo, chegou. A grande ordem dos séculos renasce".

Pouco depois da publicação do livro, a história do mundo tomou uma direção muito diferente das teorizações apologéticas que acompanharam a década do governo de Bill Clinton.

O golpe de cena do 11 de setembro abriu o palco do teatro do século: a potência hegemônica se empenhou em duas guerras inconclusivas que produziram um crescente ressentimento no Sul global, criando as premissas para a formação de um vasto *front* antiocidental e antiamericano. O declínio da hegemonia

---

13. Michael Hardt, Toni Negri, *Império*, op. cit.
14. O crash das pontocom foi uma queda brusca no valor das ações de tecnologia que ocorreu no início do ano 2000. Esse evento foi causado pela bolha das pontocom, um período de grande expansão do setor de Internet. [N. T.]
15. *Ibid.*

norte-americana, por sua vez, gerou uma reação raivosa do supremacismo branco, que levou ao surgimento do trumpismo e ao início de uma espécie de caótica guerra civil nos Estados Unidos.

Hoje, vinte e cinco anos depois, diria que a guerra civil nos Estados Unidos está num ponto de inflexão, e é fácil de entender quem é o vencedor, mesmo que provisório. O vencedor não é Augusto, o glorioso e pacífico imperador cantado por Virgílio, mas uma mistura interessante entre Calígula e Nero.

O que talvez escapasse a Hardt e Negri era a dimensão antropológica em que se desenrolava a política estadunidense, o supremacismo profundamente enraizado nessa cultura.

Se não olharmos para o abismo do inconsciente americano, não conseguiremos decifrar as raízes da ferocidade social e, portanto, a natureza irredimível da alma branca americana.

O IMPENSÁVEL

Muito mais útil, hoje, é o livro de Jamie Raskin, *Unthinkable: Trauma, Truth, and the Trials of American Democracy*,[16] publicado no primeiro aniversário da farsesca insurreição que levou milhares de seguidores de Trump ao coração político dos Estados Unidos.

O autor de *Unthinkable* não é apenas um escritor, mas também um membro do Congresso, eleito em Maryland pelas fileiras do partido democrata. Além disso, Jamie Raskin é professor de Direito Constitucional, define-se como liberal e é pai de três filhos, que têm entre vinte e trinta anos. Um deles, Tommy, de vinte e cinco anos, ativista político, defensor de causas progressistas e dos animais, morreu na noite do último dia do ano de 2020.

Tommy escolheu morrer. Cometeu suicídio. Fez isso depois de uma longa depressão, mas também como efeito da longa humilhação moral que o trumpismo infligiu aos seus sentimentos humanitários.

---

16. *Impensável: trauma, verdade e os desafios da democracia americana*. [N. T.]

Para Jamie Raskin, a decisão final de Tommy não é apenas uma catástrofe afetiva, mas também o início de uma radical reconsideração de suas convicções.

Quando li o livro, eu me senti solidário com a dor de um pai e com o tormento de um intelectual, mas, ao mesmo tempo, me foi revelada a profundidade da crise que está dilacerando o Ocidente e, em particular, obscurecendo o horizonte cultural da democracia liberal.

O pai não tem mais nenhum mundo de valores para transmitir ao filho.

Três histórias diferentes se desenvolvem simultaneamente e se alimentam mutuamente no livro de Raskin: a primeira é a descrição do fascismo norte-americano emergente. A segunda é a vida de Tommy, sua formação, seus ideais e a constante humilhação de sua sensibilidade ética. A terceira, o efeito da Covid-19 na mente da geração jovem, que sofreu mais com as regras de distanciamento. Tommy sofreu de depressão, e em sua última mensagem fala sobre isso: "Perdoem-me, minha doença venceu".

Jamie Raskin escreve:

> Como muitos jovens de sua geração, Tommy foi arrastado pela Covid-19 no interior de uma espiral maligna. Com a escola fechada, a vida social reduzida a um frágil mínimo com máscara, as viagens se tornaram um pesadelo. As relações difíceis, forçados a uma intimidade prematura e desajeitada, ou melhor, a um esquecimento virtual. Muitos jovens sofreram com o desemprego, uma incerteza profunda. Muitos, como Tommy, foram obrigados a voltar para a casa dos pais e ficar num quarto cheio de livros do ensino médio. [...] Tommy havia se declarado antinatalista porque não podia aceitar a perspectiva de comprometer outro ser humano a viver uma vida destinada a ser dominada pela dor, pela tristeza e pelo sofrimento.

E continua:

> Por mais que eu e Sarah tentássemos lhe descrever a alegria de ter filhos, Tommy não aceitava desistir de sua determinação, pois ninguém tem o

direito de impor a inevitável experiência da dor sobre o outro. Não me consola muito saber que uma enorme e crescente parte da geração de Tommy pensa a mesma coisa sobre a questão de não ter filhos.[17]

A antinatalidade é provavelmente um efeito da depressão, como poderia não ser, mas isso demonstra que a depressão pode ser uma condição de sabedoria, não apenas uma doença. Torna-se uma doença quando não conseguimos compreender sua mensagem e tentamos desesperadamente nos conformar às normas dominantes de produtividade, eficácia e dinamismo. Rejeitar a mensagem da depressão, reafirmar a força da vontade contra essa mensagem, é uma maneira de cair numa deriva suicida.

Se somos capazes de entender o significado e a sabedoria da depressão, então se torna possível uma evolução consciente e compartilhada da própria depressão. No caso de Tommy, isso é evidente: sua antinatalidade é talvez mais sábia do que a decisão irresponsável de trazer ao mundo inocentes destinados a uma vida quase certamente infeliz.

Após a morte de seu filho, a percepção de Raskin muda: seu otimismo de constitucionalista é abalado pela explosão de força brutal que tende a prevalecer sobre a força da razão, e suas certezas democráticas vacilam diante do aumento de casos de depressão.

> De repente, meu otimismo constitucional me deixa embaraçado, como se fosse uma vergonha. Temo que meu brilhante otimismo político, aquele que muitos dos meus amigos mais apreciaram em mim, tenha se tornado uma armadilha de autoengano em massa, uma fraqueza que pode ser explorada por nossos inimigos. Ao mesmo tempo, estou aterrorizado ao pensar no que significa viver sem esse entusiasmo e sem meu amado e insubstituível filho. As duas coisas estavam juntas e agora preciso viver sem uma e sem a outra.[18]

O otimismo político desse generoso professor foi abalado pela compreensão repentina de que a democracia liberal repousa sobre uma

---

17. Jamie Raskin, *Unthinkable: Trauma, Truth and the Trial of American Democracy*. Nova York: Harper Collins, 2022.
18. *Ibid.*

base frágil. De fato, ele escreve: "Sete dos nossos primeiros dez presidentes eram proprietários de escravos. Esses fatos não são casuais, mas nascem da própria arquitetura de nossas instituições políticas".

A escravidão faz parte do legado psíquico da nação americana, e apenas alguns tiveram a coragem de dizer isso, como fez Auster. A remoção do passado, por outro lado, domina a cultura oficial do país.

Como pode essa nação ter a pretensão de ser considerada um exemplo para as demais?

E como podemos ignorar o fato de que essa nação é um perigo para a sobrevivência da humanidade?

Hipercolonialismo e semiocapital

UMA GUERRA CAÓTICA

O genocídio que Israel desencadeou contra a população palestina desperta a lembrança de cinco séculos de humilhação que os brancos europeus impuseram às vítimas de sua colonização.

Quando Netanyahu discursou na Assembleia-Geral das Nações Unidas, a sala se esvaziou. Todos os membros que consideram Netanyahu como o líder do partido global do genocídio se levantaram e saíram. Permaneceram os representantes do colonialismo, do racismo e da arrogância branca.

O genocídio palestino é o símbolo de uma ação em curso em todo o planeta. O extermínio sistemático e ininterrupto das populações que buscam superar a barreira entre o Sul e o Norte globais é o sinal da ubiquidade do vírus exterminador.

A expressão *Sul global* não se refere a uma distinção geográfica nem política, mas ao pensamento "ali onde a vida humana já se tornou impossível". Ao contrário, a expressão *Norte global* significa "ali onde a vida humana ainda é possível, embora por pouco tempo".

A onda reacionária mundial tem seu foco de irradiação exatamente nesse ponto, na fronteira, mas, diante da reação contra a contaminação migrante, liberais democratas e populistas autoritários são indistinguíveis. Esse ponto de encontro não é estável, desloca-se continuamente, de modo que o Norte global se encolhe e o Sul global se expande sem conseguir se tornar um sujeito político coerente.

Precisamos, no entanto, acrescentar que espaços de vida feliz se reproduzem continuamente nos interstícios: são os espaços da deserção.

Aos desertores não importa de forma alguma quem vencerá a guerra, e importa pouco se ainda há um futuro para a Terra. Tudo o que os desertores querem é viver, ou pelo menos sobreviver, na companhia de seus semelhantes sem estarem envolvidos na história, pois agora a história tem uma única direção: o extermínio.

O dia 7 de outubro foi o ponto de transição para uma guerra caótica destinada a opor o conjunto de nacionalismos agressivos do Sul ao supremacismo da minoria ocidental branca. Os adversários de Israel estão cientes de sua superioridade militar e, como consequência, são forçados a sofrê-la. Quando o ministro Israel Katz declarou: "Nosso poder militar não tem igual e ninguém vai querer se opor a nós", ninguém pôde refutá-lo.

A explosão de quatro mil *pagers*,[1] em setembro de 2024, marcou o momento em que esse domínio se manifestou mais claramente. Todas as pessoas que, nas décadas e séculos passados, sofreram o domínio tecnológico dos colonialistas se lembram da humilhação que essa condição de inferioridade implica. Por isso, Israel acabou se tornando o símbolo de cinco séculos de violência sistemática que os povos do mundo sofreram.

Nos países árabes, que há décadas se adaptaram a suportar com abjeto servilismo a prepotência israelense sustentada pela superpotência norte-americana, o ódio pelos colonialistas israelenses certamente está destinado a aumentar e a permanecer silenciado. Por isso, a resposta implacável de Israel à implacável ação do Hamas provocou um isolamento sem precedentes. Mesmo que esse isolamento e esse ódio reprimido não produzam efeitos significativos na guerra que Israel trava contra os palestinos (e mesmo que o apoio aos palestinos continue sendo puramente verbal), não devemos negligenciar o fato de que, com o tempo, as relações de poder estão destinadas a mudar – e o domínio técnico não está destinado a permanecer imutável.

---

1. No original, em italiano: *cercapersone*, dispositivo eletrônico usado para localizar pessoas por meio de uma rede de telecomunicações. [N. T.]

A posição assumida pelos governos atlânticos acentua uma contraposição que aparece como uma espécie de acerto de contas de longo prazo entre colonialistas e colonizados.

Na ausência de uma direção internacionalista, essa onda de longo prazo se manifestará, por um lado, como antissemitismo e, por outro, como agressividade nacionalista dos povos do Sul.

O supremacismo do Norte possui armas mortais, mas o grupo rancoroso e vingativo do Sul investe seus recursos para produzir as mesmas armas mortais das quais o Norte já não é mais o possuidor exclusivo.

Não há um *front* anticolonialista, como nos anos 1960, quando o movimento dos não alinhados convergia com o anti-imperialismo internacionalista. Nada desse tipo é previsível num futuro próximo. O que vemos, em vez disso, é um conjunto heterogêneo de povos e Estados que sofreram a opressão colonial e agora estão envolvidos, de formas diferentes e divergentes, num confronto mortal contra o bloco branco, minoritário e em declínio, mas bem determinado a não abrir mão do montante acumulado com cinco séculos de exploração dos recursos alheios.

Não há unidade entre os oprimidos, enquanto o mundo branco se une em nome do genocídio sionista. No entanto, Israel não vencerá, o Ocidente não restaurará seu domínio, porque o caos destruirá toda ordem. O evento denominado Dilúvio de al-Aqsa revelou um panorama diferente do que víamos antes. Por mais palestinos que Israel possa matar, por mais destruição que possa semear, a longo prazo, a entidade sionista se encontrará numa posição cada vez mais arriscada.

No 11 de setembro de 2001, como já apontei, o gênio tático de Osama bin Laden levou os norte-americanos a uma reação suicida. Invadiram o Afeganistão como os soviéticos haviam feito, mas o resultado não foi igualmente muito brilhante. A União Soviética havia caído após sua retirada inglória, os Estados Unidos se dividiram em dois, e, como um monstro enlouquecido, se debatem desde então numa guerra civil psicótica. Da mesma forma invadiram o Iraque alegando motivos falsos, mas tiveram que sair da região quando o terrorismo islâmico se intensificou, e o Irã, que havia permanecido à parte, ganhou hegemonia sobre parte da região. Bush caiu na armadilha da al-Qaeda, e o efeito das guerras desastrosas e inconclusivas, promovidas pelos neoconservadores fanáticos, chegou à maturação em 2016, quando Donald Trump venceu as eleições.

Todo o Ocidente entrou numa fase de esquizofrenia, dividido de forma irreparável entre democracia liberal e soberania nacionalista.

A desintegração de Israel é parte da desintegração do Ocidente.

ESTRANGULAR O MUNDO BRANCO

A agonia dos Estados Unidos deve ser vista no contexto de um declínio geral do Ocidente. O declínio demográfico, econômico e geopolítico é seguido por um abismo de horror moral e psíquico. Simultaneamente, multiplicam-se os países que combinam economia ultraliberal e repressão autoritária com o objetivo de derrubar globalmente a hegemonia norte-americana: Brics é o organismo que tenta coordenar esse grupo, sem, no entanto, transformá-lo (por enquanto) numa frente política homogênea. Essa coordenação econômica antiocidental é apenas um aspecto do terremoto que prepara a destruição do domínio branco sobre o mundo. Colapso climático, migrações incontroláveis e crescente agressividade nacionalista dos países do Sul, que estão se apropriando de armamentos cada vez mais mortais, incluindo a bomba nuclear: Putin retirou a assinatura do Tratado de Não Proliferação de Armas Nucleares (TNP).

A doutrina Biden (se quisermos usar o pomposo termo *doutrina* para os murmúrios desse pobre homem) é ridiculamente hipócrita: unido num único *front*, o mundo livre trava uma luta contra o autoritarismo e, na realidade, o mundo livre é o *front* dos colonialistas e dos escravistas que defendem seus privilégios.

O caos tende a submergir o mundo branco, que está perdendo sua hegemonia, mas nenhum *front* anti-imperialista comum está no horizonte, porque nenhuma direção política internacionalista é imaginável. Uma frase me vem à mente com muita frequência nesses anos de guerra caótica em expansão, uma frase pronunciada por Lin Biao, não sei se alguém se lembra dele.

Notoriamente afetado por crises depressivas assustadoras, era o chefe do Exército de Libertação chinês, e dizia-se que era o sucessor de Mao. Em 1971, morreu num avião rumo à União Soviética, como aconteceu com Prigozhin numa época mais recente. Provavelmente, Mao ordenou que o matassem sobre sua cama de depressivo crônico e que depois o colocassem num avião e o enviassem para a inimiga URSS revisionista. Coisas que podem acontecer.

Mas o ponto é que, em 1965, Lin Biao, num artigo intitulado "Viva a vitória do povo do Vietnã", escreveu que, no futuro, as periferias do mundo estrangulariam as cidades. Acredito que Mao Tsé-Tung e seu fiel escudeiro Lin Biao não tinham muito a ver com o marxismo, e talvez hoje devêssemos reler Mao como um profeta de uma época implacável, na qual as classes sociais são substituídas pelos povos.

Periferias e cidades não são conceitos relacionados à luta de classes. Da mesma forma, acredito que a China era então (e é hoje e será para sempre nos séculos dos séculos, e assim por diante) o lugar de um comunismo que tem quase nada a ver com o judeu barbudo de Trier. Um comunismo que se baseia na antropologia, na tecnologia cognitiva básica, na escrita ideográfica e na história de um isolamento milenar, e não na história social.

Lembro que Mao, o homem que guiou a maior revolução da história humana e que provavelmente matou mais pessoas que Hitler e Stalin juntos, reescreveu o *slogan* fundamental do internacionalismo proletário. Não mais: PROLETÁRIOS DE TODO O MUNDO, UNI-VOS, mas PROLETÁRIOS DE TODO O MUNDO E POVOS OPRIMIDOS, UNI-VOS!

A retificação tinha um sentido estratégico imenso, porque dava ao movimento comunista uma dimensão geopolítica em vez de social. À época, não o entendemos, pensávamos que os povos oprimidos poderiam ter uma direção operária (a classe operária deve ter a direção de tudo). Mas hoje, enquanto os proletários votam em Trump,

Milei, Meloni e tantos outros, os povos oprimidos se dotaram de um arsenal atômico notável, produzindo cerca da metade do produto bruto mundial e formando uma frente econômica em expansão.

Acredito ser muito improvável que os países da periferia do mundo, ou melhor, os povos que sofreram a violência e o extermínio colonial, apesar de compartilharem o ódio pelos colonialistas, possam alcançar uma forma de unidade política. A razão dessa impossibilidade está no fato de que não é possível internacionalismo sem a hegemonia da classe operária. Sem dúvida a classe operária não desapareceu, em vez disso se expandiu enormemente, mas não tem mais a capacidade de expressar solidariedade e organização, porque a revolução tecnológica das últimas décadas transformou o trabalho e, consequentemente, a composição social segundo linhas que são as da concorrência permanente entre trabalhadores assalariados. O deslocamento das indústrias desestruturou a classe operária ocidental, e a globalização do mercado de trabalho tornou frágil qualquer tentativa de organização, porque os trabalhadores estão continuamente expostos à ameaça de deslocamento, de demissão e de regressão econômica e social.

Por isso, não acredito que possamos esperar para o futuro uma recomposição política do movimento anti-imperialista. Na verdade, os movimentos anticoloniais têm um caráter essencialmente nacionalista. Dessa forma, não assistimos à formação de uma frente anticolonialista em escala mundial, mas sim à formação de alianças entre as economias nacionais capitalistas dos países do Sul global e ao fortalecimento militar dos regimes autoritários que os governam.

O estrangulamento do Ocidente se torna, portanto, cada vez mais provável, mas isso não significa de forma alguma uma superação da violência econômica extrativista. Pelo contrário, assistimos a seu deslocamento e à formação de uma espécie de hipercolonialismo em que a relação entre os Estados soberanos e a economia de rapina segue linhas que não coincidem mais com o domínio ocidental.

NOTA SOBRE O COLONIALISMO EM MARX

Na obra de Marx e Engels, o papel do colonialismo não é objeto de um tratamento específico. Na verdade, no *Manifesto* de 1848, o imperialismo ocidental é considerado como uma força progressiva e benéfica que leva as sociedades subdesenvolvidas a um nível de civilização burguesa, abrindo caminho para a formação de uma classe operária.

No entanto, em *O capital*, Marx mostra ter compreendido a relação entre colonização, subjugação escravocrata e origem do capitalismo industrial. No primeiro livro de *O capital*, o capítulo "A assim chamada acumulação primitiva" é dedicado a analisar justamente os processos que tornam possível a formação do sistema industrial. Submissão colonial, deportação escravocrata e exploração do trabalho infantil aparecem no capítulo, ainda que de maneira sintética.

> A acumulação do capital pressupõe o mais-valor, o mais-valor, a produção capitalista, e esta, por sua vez, a existência de massas relativamente grandes de capital e de força de trabalho nas mãos de produtores de mercadorias. Todo esse movimento parece, portanto, girar num círculo vicioso, do qual só podemos escapar supondo uma acumulação *primitiva* (*previous accumulation*, em Adam Smith), prévia à acumulação capitalista, uma acumulação que não é resultado do modo de produção capitalista, mas seu ponto de partida.[2]

Quando aborda a colonização da Índia e o papel desempenhado pela Companhia das Índias Orientais, Marx escreve: "Segundo uma lista apresentada ao Parlamento, de 1757 a 1766 a Companhia e seus funcionários deixaram-se presentear pelos indianos com £6 milhões! Entre 1769 e 1770, os ingleses provocaram um surto de fome por meio da compra de todo arroz e pela recusa de revendê-lo, a não ser por preços fabulosos".[3]

E sobre o trabalho escravocrata:

> Enquanto introduzia a escravidão infantil na Inglaterra, a indústria do algodão dava, ao mesmo tempo, o impulso para a transformação

---

2. Karl Marx, *O capital. Crítica da economia política*. Livro 1: o processo de produção do capital. Tradução de Rubens Enderle. São Paulo: Boitempo, 2013, p. 959.
3. *Ibid.*, p. 1000.

da economia escravista dos Estados Unidos, antes mais ou menos patriarcal, num sistema comercial de exploração. Em geral, a escravidão disfarçada dos assalariados na Europa necessitava, como pedestal, da escravidão *sans phrase* do Novo Mundo.[4]

No entanto, não há dúvida de que, na história do movimento operário marxista, a questão do colonialismo permanece pouco definida como questão estratégica. Mesmo que Lenin escreva que "o capitalismo se transformou num sistema mundial de opressão colonial e de estrangulamento financeiro da esmagadora maioria da população mundial por um punhado de países *desenvolvidos*",[5] seu livro é mais uma análise das relações entre as grandes potências imperialistas do que dos conflitos que o colonialismo estava gerando entre os imperialistas e os povos submetidos à exploração. Assim, é necessário esperar até os anos 1960 para que o tema do colonialismo chame a atenção da teoria marxista, embora sem adquirir a capacidade de redefinir a perspectiva estratégica.

Nesses anos, o movimento anticolonial estava transformando as relações de força a nível global, mas a libertação dos países oprimidos da África e da Ásia tinha um caráter essencialmente político. Embora tenham conquistado soberania nacional, esses países não conseguiram se emancipar da subordinação econômica à qual foram forçados pelos cinco séculos de exploração e devastação sistemática.

Somente o maoísmo colocou a questão colonial no centro da estratégia revolucionária. Mas podemos realmente considerar Mao Tsé-Tung um pensador marxista, ou devemos considerá-lo o precursor de uma visão não mais eurocêntrica, que vai além dos limites da teoria marxista?

Hoje, todas essas questões voltam aos holofotes, mas, infelizmente, a capacidade de pensar em termos globais parece perdida, pois o fim do internacionalismo operário e comunista fez com que apenas o capital fosse capaz de pensar globalmente.

---

4. *Ibid.*, p. 1009.
5. Vladimir I. Lenin, *L'imperialismo fase suprema del capitalismo*, prefácio escrito em 6 de julho de 1920. Disponível no site: *marxists.org*.

Apesar da descolonização formal dos anos 1950-1960 e de todo o grande discurso sobre o pós-colonial realizado nas universidades norte-americanas, os povos colonizados estão mais oprimidos do que nunca – e a forma geral do colonialismo mudou profundamente, em paralelo às mudanças nos processos de valorização capitalista.

A revolta contra o colonialismo, os efeitos do colonialismo passado e as práticas coloniais ativas hoje estão produzindo movimentos de caráter nacionalista – como o movimento hindu liderado atualmente por Narendra Modi – e preparando uma explosão de desastrosos conflitos incapazes de encontrar uma estratégia comum. É urgente compreender em que consiste a novidade do colonialismo no século XXI, pois isso nos permitirá imaginar as linhas ao longo das quais se desenrola a guerra global caótica em que, pouco a pouco, estamos afundando.

O COLONIALISMO HISTÓRICO: EXTRATIVISMO DE RECURSOS FÍSICOS

A história do colonialismo é uma história de predação sistemática do território. Os lugares físicos ricos em recursos dos quais o Ocidente colonialista precisava são objeto da colonização. O outro objeto da colonização era a vida de milhões de homens e mulheres explorados em condições escravistas nos territórios submetidos ao domínio colonial ou deportados para o território da potência colonizadora.

A extração de recursos e a exploração escravista do trabalho foram instrumentos essenciais para a acumulação primitiva de capital. Não é possível descrever a formação do sistema capitalista industrial na Europa sem levar em consideração o fato de que esse processo foi precedido e acompanhado pela violenta submissão de territórios extra-europeus e pela exploração escravocrata da força de trabalho submissa nos países colonizados ou deportada para os países dominadores.

O modo de produção capitalista jamais teria se afirmado sem o extermínio, a deportação e a escravidão. Não teria havido desenvolvimento capitalista na Inglaterra da época industrial se a

Companhia das Índias Orientais não houvesse explorado os recursos e o trabalho das populações do subcontinente indiano e do Sul da Ásia, como narra William Dalrymple em *Anarquia*. Não teria havido desenvolvimento industrial da França pós-revolucionária sem a exploração violenta da África Ocidental e do Magrebe, sem falar nos outros territórios submetidos ao colonialismo francês nos séculos XIX e XX. Não teria havido desenvolvimento industrial do capitalismo norte-americano sem o genocídio das populações nativas e sem a exploração escravocrata de dez milhões de africanos deportados entre os séculos XVII e XIX. Por fim, a Bélgica construiu seu desenvolvimento com base na colonização do território congolês, acompanhada de um genocídio de crueldade inimaginável. Martin Meredit escreve a respeito:

> A fortuna de Leopoldo veio da borracha bruta. Com a invenção dos pneus, para bicicletas e depois para carros na década de 1890, a demanda de borracha cresceu enormemente. Utilizando um sistema de trabalho escravo, as empresas que detinham as concessões, partilhando seus lucros com Leopoldo, saquearam das florestas equatoriais do Congo toda a borracha bruta que puderam encontrar, impondo quotas de produção aos aldeões e fazendo reféns quando necessário. Os que não conseguiram cumprir suas quotas foram chicoteados, presos e até mutilados, tendo as mãos decepadas. Milhares foram mortos porque resistiram ao regime da borracha de Leopoldo. Mais ainda, tiveram que abandonar suas aldeias. [...] Este foi o homem a quem Baldwin se referiu no Dia da Independência como um gênio.[6]

Muitos autores contemporâneos destacam essa prioridade lógica e cronológica do colonialismo em relação ao capitalismo. "A era das conquistas militares precedeu por séculos o surgimento do capitalismo. Foram justamente essas conquistas e os sistemas imperiais derivados delas que impulsionaram a ascensão incontrolável do capitalismo", escreve Amitav Ghosh em *A maldição da noz-moscada*,[7] enquanto, segundo Cedric Robinson, a relação entre mão de obra escrava, tráfico de escravizados e o surgimento das pri-

---

6. Martin Meredit, *The State of Africa*. Londres: Simon & Schuster, 2005, p. 96.
7. Amitav Ghosh, *La maledizione della noce moscata*. Vicenza: Neri Pozza, 2022, p. 108.

meiras economias capitalistas é evidente. Mas poucos observaram como as técnicas usadas pelos países liberais para submeterem os povos do Sul global são exatamente as mesmas que o nazismo de Hitler usou nas décadas de 1930 e 1940, com a única diferença de que Hitler exerceu as técnicas de extermínio contra a população europeia e os judeus, que eram parte integrante dessa população.

Surpreendentemente, um desses poucos é Zbigniew Brzeziński, que num artigo de 2016, intitulado *Toward a Global Realignment*, teve a honestidade de escrever: "Massacres periódicos provocaram, nos últimos séculos, extermínios comparáveis aos nazistas durante a Segunda Guerra Mundial". O artigo de Brzeziński conclui com as seguintes palavras: "Quão impressionante é a escala dessas atrocidades, assim como impressionante é a rapidez com que o Ocidente se esquece delas".

De fato a memória histórica é muito seletiva quando se trata dos crimes cometidos pela civilização branca; em especial, a memória do extermínio de populações não europeias não é objeto de uma atenção particular e não faz parte da memória coletiva, enquanto ao Holocausto é dedicado um culto obrigatório em todos os países ocidentais.

A civilização branca considera Hitler como o Mal absoluto, enquanto os ingleses Warren Hastings e Cecil Rhodes, ou o rei Leopoldo II da Bélgica, são esquecidos, se não perdoados, pela memória branca – apesar de terem exterminado populações inteiras para impor o domínio econômico da Grã-Bretanha, da Bélgica ou da França. Os exterminadores dos povos das pradarias norte-americanas são transformados até mesmo em objeto de culto heroico, que Hollywood se encarregou de celebrar.

Entre 1904-1905, quando a Alemanha exterminou um grupo étnico inteiro, os Herrero, numa de suas colônias (o Sudoeste Africano, hoje Namíbia), nenhum outro Estado fez objeção. Apenas quando as vítimas da Alemanha foram, algumas décadas mais tarde, cidadãos europeus que pertenciam à tradição cultural ocidental, as potências que se diziam democráticas acusaram a Alemanha de genocídio. Em 1961, em seu livro mais famoso, *Os condenados da terra*, Frantz Fanon escreveu: "Há pouco tempo, o nazismo transformou toda a Europa numa verdadeira colônia".[8] E o já citado Aimé Césaire escreveu: "o que não é perdoável em Hitler não é o crime em si, senão o crime contra o homem branco, é a humilhação do homem branco, e haver aplicado na Europa procedimentos colonialistas que até agora só concerniam aos árabes da Argélia, aos *coolies* da Índia e aos negros da África".[9]

A colonização agiu de maneira irreversível não só no plano material, mas também no plano social e psicológico. A principal herança do colonialismo, de qualquer forma, é a pobreza endêmica de áreas geográficas que foram depredadas e devastadas a tal ponto que não conseguem sair da condição de dependência. A devastação ecológica de muitas regiões africanas ou asiáticas obriga, hoje, milhões de pessoas a buscar refúgio por meio da migração, que então encontra o novo rosto do racismo branco: a rejeição ou a escravidão de novo tipo, como acontece na produção agrícola ou no setor logístico dos países europeus.

Na metade do século xx, desenvolveu-se um processo de descolonização que possibilitou a emancipação da maioria dos países do Sul global do domínio político do Norte colonizador. Mas a soberania política geralmente não se transformou em autonomia econômica, cultural e militar.

Eis que, no novo século, o colonialismo se apresenta com técnicas e modalidades novas, essencialmente desterritorializadas – embora as formas territoriais de colonialismo não sejam apagadas pela soberania formal de que desfrutam (é só uma forma de falar) os países do Sul global.

Com o termo *hipercolonialismo* me refiro exatamente a essas novas técnicas, que não abolem as antigas formas baseadas no extrativismo e no saque (de petróleo ou de materiais indispensáveis para a

---

8. Frantz Fanon, *Os condenados da terra*, trad. Serafim Ferreira. Lisboa: Editora ULISSEIA, 1965, pp. 97-98.
9. Aimé Césaire, *Discurso sobre o colonialismo*, trad. Anísio Garcez Homem. Florianópolis: Letras Contemporâneas; Livros & Livros, 2020, p. 17.

indústria eletrônica, como o coltan),[10] mas dão origem a uma nova forma de extrativismo, cujo instrumento é a rede digital e cujo objeto são tanto os recursos do trabalho físico de mão de obra capturada digitalmente quanto os recursos mentais de trabalhadores que permanecem no Sul global e que produzem valor de maneira desterritorializada, fragmentada, mas tecnicamente coordenada.

HIPERCOLONIALISMO: EXTRATIVISMO DE RECURSOS MENTAIS

Desde que o capitalismo global foi desterritorializado por meio da rede digital e da financeirização, a relação entre o Norte e o Sul globais entrou numa fase de hipercolonização. A extração de valor do Sul global ocorre em parte na esfera semiótica: captura digital de mão de obra a baixíssimo custo, ou seja, escravidão digital e criação de um circuito de trabalho escravo em setores como logística e agricultura –apenas algumas das modalidades de exploração hipercolonial integradas ao circuito do semiocapital.

A escravidão – que por muito tempo consideramos um fenômeno pré-capitalista, e que foi uma função indispensável da acumulação originária de capital – reaparece hoje de forma extensa e pervasiva graças à penetração do comando digital e à coordenação desterritorializada.

A linha de montagem do trabalho foi reestruturada de forma geograficamente deslocada: os trabalhadores que mantêm a rede global em funcionamento vivem em lugares a milhares de quilômetros de distância e, por isso, são incapazes de iniciar um processo de organização e autonomia. A formação das plataformas digitais movimentou sujeitos produtivos que não existiam antes da década 1980: força de trabalho digital que não consegue se reconhecer como sujeito social devido à sua composição interna.

---

10. O termo *coltan* é uma abreviação de *columbite-tantalite*, mineral que contém dois metais importantes: o *tântalo* e o *nióbio*. [N. T.]

O capitalismo das plataformas funciona em dois níveis. No primeiro, uma minoria da força de trabalho se ocupa do projeto e da comercialização dos produtos imateriais, recebe salários altos e se identifica com a empresa e com os valores liberais. No segundo, um grande número de operadores, geograficamente dispersos, é destinado a tarefas de manutenção, controle, etiquetagem, limpeza etc. Eles trabalham on-line por salários baixíssimos e não têm nenhuma forma de representação sindical ou política. No limite, nem conseguem se considerar trabalhadores, pois as formas de exploração não são reconhecidas sob nenhum modo, e seu mísero salário é pago de maneira invisível por meio da rede de celulares.

Mesmo assim, as condições de trabalho são quase sempre brutais, sem limites de horário e sem quaisquer tipos de direitos. O filme *The Cleaners* (2019), de Hans Block e Moritz Riesewieck, narra as condições de exploração e o desgaste material e psíquico a que essa massa de semiotrabalhadores precários, recrutados on-line de acordo com o princípio do *Mechanical Turk* criado e administrado pela Amazon, está submetida.

Entre os anos 1990 e a primeira década do novo século, formou-se essa nova força de trabalho digital que atua em condições que tornam quase impossível a autonomia e a solidariedade.

Houve tentativas isoladas por parte de trabalhadores digitais de organização sindical ou de contestação das escolhas de suas empresas: penso, por exemplo, na revolta de oito mil trabalhadores do Google contra a subordinação ao sistema militar. No entanto, essas primeiras manifestações de solidariedade aconteceram onde a força de trabalho digital está reunida em grande número e recebe altos salários. Mas, de forma geral, o trabalho na rede parece ser desorganizado, porque é precário, descentralizado e, em grande parte, se desenvolve em condições análogas à escravidão.

No livro *Os afogados e os sobreviventes*, Primo Levi escreve que, quando foi encarcerado no campo de concentração, tinha esperança "pelo menos na solidariedade dos prisioneiros", mas depois teve que reconhecer que os prisioneiros eram "mil mônadas impermeáveis e, entre elas, uma luta desesperada, oculta e contínua".[11] Trata-se da *zona cinza* em que a rede de relações humanas não era reduzível aos dois blocos das vítimas e dos perseguidores, porque o inimigo não só estava ao redor, mas também em seu interior. Nas condições de extrema violência e terror permanente, cada indivíduo é forçado a pensar continuamente em sua sobrevivência, e não consegue criar laços de solidariedade com os outros explorados. Como nos campos de extermínio, como nas plantações de algodão dos estados escravistas na *Land of the Free*, no circuito escravista imaterial e material que a globalização digital ajudou a criar, as condições para a solidariedade parecem proibidas.

É o que chamaria de hipercolonialismo, função dependente do semiocapitalismo: extração violenta de recursos mentais e de tempo de atenção em condições de desterritorialização.

HIPERCOLONIALISMO E MIGRAÇÃO: O GENOCÍDIO POR VIR

No entanto, o hipercolonialismo não é apenas a extração de tempo mental, mas também o controle violento dos fluxos de imigração que resultam da circulação ilimitada dos fluxos de informação. Como o semiocapitalismo criou as condições para a circulação global da informação, então é possível receber, em territórios distantes das metrópoles, todas as informações necessárias para se sentir parte do ciclo de consumo e do mesmo ciclo de produção. Pode-se receber, em primeiro lugar, a publicidade, depois a massa de imagens e palavras que visam convencer todo ser humano da superioridade da civilização branca, da extraordinária experiência que a liberdade de consumo representa e da facilidade com a qual todo ser humano pode ter acesso ao universo das mercadorias e das oportunidades.

Naturalmente, tudo isso é falso, mas bilhões de jovens que não têm acesso ao paraíso publicitário não sabem disso e almejam des-

---

11. Primo Levi, *Os afogados e os sobreviventes*, trad. Luiz Sérgio Henriques. Rio de Janeiro: Paz e Terra, 1990, p. 18.

frutar de seus frutos. Ao mesmo tempo, as condições de vida nos territórios do Sul global se tornaram cada vez mais insuportáveis, porque foram efetivamente pioradas pelas mudanças climáticas, mas também porque estão inevitavelmente confrontadas com as oportunidades ilusórias que o ciclo imaginário projeta na mente coletiva.

Eis então que, por necessidade e desejo, uma massa crescente de pessoas, especialmente jovens, se move fisicamente em direção ao Ocidente, que reage a tal assédio com uma reação assustada, agressiva e racista. Por um lado, a máquina de informação lhes envia mensagens sedutoras e os chama para o centro de onde emanam os fluxos de atração. Por outro, no entanto, os que acreditam nisso e se aproximam da fonte da ilusão acabam capturados num processo massacrante.

A população do Norte global, cada vez mais infértil, idosa, economicamente em declínio e culturalmente deprimida, vê a massa migrante como um perigo. Teme que os pobres da Terra levem sua miséria para as metrópoles ricas, e os migrantes são descritos como a causa dos infortúnios sofridos pela minoria privilegiada. Uma classe de políticos especializados em semear o ódio racial ilude os velhos brancos dizendo que, se alguém conseguisse exterminar a perturbadora massa de jovens que pressiona as portas da fortaleza, se alguém conseguisse eliminá-la, destruí-la, aniquilá-la, então os bons tempos voltariam, a América seria *great again*, e a moribunda pátria branca recuperaria sua juventude.

Na última década, a linha que divide o Norte do Sul globais, a linha que vai da fronteira entre o México e o Texas, alcançando o mar Mediterrâneo e as florestas do Leste Europeu, tornou-se uma zona em que ocorre uma guerra infame: o coração negro da guerra civil global. Uma guerra contra pessoas desarmadas, exaustas pela fome e pelo cansaço, agredidas por policiais armados, cães de caça, fascistas sádicos e, principalmente, pelas forças da natureza.

Apesar da propaganda neoliberal, a lógica do semiocapital funciona numa única direção: o Norte global infiltra o Sul global por meio dos inúmeros tentáculos da rede – ferramenta de captura de fragmentos de trabalho desterritorializado. No entanto, é repelida com violência e genocídio a penetração física do Sul, que faz pressão para acessar os territórios onde o clima ainda é tolerável, há água e a guerra ainda não chegou com toda sua força destrutiva. Uma parte significativa, senão majoritária, da população branca – infértil, senescente, economicamente decadente – decidiu se refugiar na fortaleza e usar de todos os meios para repelir a onda migratória.

Os colonialistas de ontem, aqueles que, nos séculos passados, cruzavam os mares para invadir os territórios a serem explorados, agora gritam contra a invasão, pois milhões de pessoas pressionam as fronteiras da fortaleza. Essa é a principal frente de batalha, que perdura desde o início do século e continua em expansão, assumindo em todos os lugares os contornos do extermínio. Mas não é a única frente: outro *front* da guerra caótica global é a guerra interbranca, que opõe a democracia liberal imperialista à soberania autoritária fascista. A guerra interbranca e a guerra genocidiária na fronteira são dois processos distintos que se entrelaçam na cena de nossos infames anos 2020.

MIGRAÇÃO CELULAR

Amitav Ghosh narra o ciclo de comunicação celular-migração:

> Já não estamos no século XX. Para acessar a rede, você não precisa de um megacomputador. Basta um telefone, e agora todos têm um. E não importa se você é analfabeto. Você pode encontrar o que quiser apenas falando, seu assistente virtual cuidará do resto. Você se surpreenderia com a rapidez e a eficiência com que as pessoas aprendem. É assim que começa a jornada, [...] com um telefone e a tecnologia de reconhecimento de voz.
> *Quer dizer que eles chamam alguém?*
> Não, é algo mais complexo. Onde você acha que eles aprendem que precisam de uma vida melhor? [...] Dê-lhes telefones, é claro. É lá que veem imagens de outros países; é lá que veem anúncios onde tudo parece maravilhoso; veem coisas nas redes sociais, posts dos vizinhos que já fizeram a viagem... depois, o que você acha que fazem? Voltam a plantar arroz? Você já tentou plantar arroz? O dia todo curvado até o chão, sob o sol, com cobras e insetos o rodeando. Você acha que alguém vai querer voltar para esses campos depois de ver as fotos dos

amigos tomando café com leite caramelizado confortavelmente num bar de Berlim? E o mesmo telefone que lhes mostra essas imagens também pode colocá-los em contato com os intermediários.

O que é um intermediário?

Em bengali, eles são chamados de *dalal*. São os que estabelecem todas as conexões necessárias para o migrante, colocando-o em contato de um telefone a outro, e assim por diante. A partir desse momento, o telefone se torna a vida deles, a viagem deles. Todos os pagamentos que precisam fazer, em cada fase da viagem, são feitos por telefone; são os telefones que dizem qual rota está aberta e qual não está; são os telefones que os ajudam a encontrar um abrigo; são os telefones que os mantêm em contato com os amigos e parentes, onde quer que estejam. E uma vez que chegam ao destino, os telefones os ajudam a corrigir suas histórias.

Corrigir? O que significa?

Ah, essa é a melhor parte de meu trabalho, inventar histórias para meus clientes. É por minhas histórias que sou famoso.

Não entendo.

Veja, funciona assim... digamos que um sujeito peça asilo na Suécia. Ele vai precisar de uma história confiável. Não de uma lorota. Uma história como as que eles querem ouvir lá do outro lado. Digamos que o sujeito tenha morrido de fome porque seus campos foram alagados; ou digamos que toda a aldeia tenha ficado doente por causa do arsênico no solo; ou digamos que o sujeito tenha sido espancado pelo patrão porque não conseguiu pagar as dívidas. Nada disso interessa aos suecos. Eles gostam de política, religião e sexo. Você precisa ter uma história de perseguição se quiser que o escutem. É assim que ajudo meus clientes, fornecendo esse tipo de histórias.

A grande migração do Sul e do Leste globais para o Norte e o Oeste globais é o processo que mais contribui para a onda ultrarreacionária, enquanto a oposição entre o Norte imperialista e o Sul colonizado assume contornos cada vez mais nítidos. Para entendermos a geografia do confronto épico que está se delineando, é necessário que olhemos o mapa dos países que condenam o colonialismo israelense e o dos países que o apoiam. Mas não devemos acreditar que a brutalidade pertença apenas ao mundo branco ocidental: a Rússia de Putin não é ocidental, e a Índia de Modi não é branca, mas ambas compartilham os traços essenciais do brutalismo e da indiferença ao genocídio.

A possibilidade de uma revolução anticolonialista tinha perspectivas progressivas dentro do quadro do internacionalismo operário, mas isso parece ter desaparecido do horizonte da história. O anticolonialismo dos anos 1960 era indissociável do projeto internacionalista, cuja classe operária industrial era o motor. Desaparecida a força organizada dos operários, mudada a composição do trabalho assalariado em nível global, segundo linhas que são incompatíveis com a organização e a solidariedade, a revolta contra o hipercolonialismo não pode ter outro horizonte senão o horizonte do nacionalismo, do racismo ou do integralismo religioso.

BRUTALISMO SUPREMACISTA LIBERTÁRIO

O horizonte que se revelou após a pandemia de Covid-19, após a guerra na Ucrânia e, especialmente, após o genocídio israelense não pode ser compreendido com as ferramentas conceituais da política, não pode ser entendido sem interpretar a dinâmica antropológica que transformou as sociedades do Ocidente e de grande parte do planeta, depois de ter varrido do mapa o movimento organizado do trabalho e sua perspectiva internacionalista, e, portanto, após desativar, uma a uma, as instituições internacionais da era liberal-democrática, começando pela ONU.

Podemos reduzir o que está acontecendo a um retorno do fascismo histórico? Eu diria decididamente que não: é verdade que o nacionalismo fascista constitui a principal referência da linguagem e da mentalidade da classe política que cavalga a onda reacionária. Mas isso só acontece porque não temos palavras adequadas para a nova fase de brutalidade.

A classe dominante do supremacismo branco é composta por pessoas de baixíssimo calibre intelectual, completamente desprovidas da capacidade de encontrar conceitos e palavras à altura de sua força. A arrogância é sua única linguagem. A força dos fascistas de hoje não nasce nem do pensamento nem da política, mas da transformação antropológica produzida pela descerebralização devida à técnica e à psicopatia. Por isso não existe uma consciência da direita que esteja à altura do poder da direita.

O que está emergindo é um fenômeno de proporções gigantescas, que não pode ser explicado em termos políticos porque suas raízes estão na mutação tecnoantropológica que a humanidade sofreu nas últimas quatro décadas, e representa a saída do hiperliberalismo que fez da competição (ou seja, da guerra social) o princípio universal das relações entre os seres humanos. As explicações correntes sobre a onda ultrarreacionária trazem apenas aspectos marginais do fenômeno: os liberais democratas argumentam que a ordem política está sendo abalada pela soberania autoritária. Os marxistas, ou muitos deles, interpretam o que está acontecendo como um retorno do fascismo histórico, resultado dos erros do movimento operário organizado.

Entretanto, ninguém explica a coisa mais importante, a qualidade antropológica e psíquica que está na base da adesão em massa aos movimentos ultrarreacionários. O que é preciso entender não é o sentido das declarações de Trump, Milei ou Narendra Modi, mas as razões pelas quais uma crescente maioria da população mundial adere com entusiasmo à fúria destrutiva desses líderes. Ao contrário do nazifascismo histórico, que seguia escolhas econômicas estatistas, a onda supremacista mistura os clichês do racismo e do conservadorismo cultural com uma ênfase histérica no liberalismo econômico. Por isso, em primeiro lugar, essa onda exalta a brutalidade e a liberdade de ser brutal no plano social e, depois, também no âmbito político-militar.

Ainda é necessário explicar, porém, o sucesso avassalador dessa onda e o entusiasmo que esse mingau intelectual desperta nas multidões. Devemos pensar: por que as massas seguem Trump apesar de suas mentiras descaradas, apesar de seu machismo vulgar? Por que as multidões israelenses apoiam o governo fascista apesar do extermínio das crianças palestinas, e por que a maioria dos argentinos vota em Milei apesar da motosserra com a qual se prepara para destruir o Estado de bem-estar social, deixando milhões de trabalhadores passando fome?

Ou talvez o raciocínio precise ser invertido? Apresento a hipótese de que estamos diante de uma verdadeira inversão do julgamento ético: que os norte-americanos votem em Trump justamente porque é um estuprador e mentiroso, que os israelenses apoiem Netanyahu justamente porque pratica o genocídio, e que os jovens argentinos sigam Milei porque acreditam que finalmente os melhores poderão se destacar dos piores, que morrerão de fome, como merecem. A novidade a ser compreendida, quero dizer, é a qualidade psíquica, cognitiva e antropológica do *Anthropos 2.0*.

A inversão cínica do julgamento e o entusiasmo pela violência racista implicam uma perversão da percepção e da elaboração psíquica, ainda antes de ser moral: *gore capitalism*, como Sayak Valencia define a realidade mexicana.

Fazendo da competição o princípio universal da relação inter-humana, o neoliberalismo ridicularizou a empatia pela dor do outro, erodiu os fundamentos da solidariedade e, assim, destruiu a civilização social.

Quando Milei afirma que a justiça social é uma aberração, não faz senão legitimar o direito do mais forte e galvaniza a ilusão das massas de jovens (em sua maioria homens), convencidos de possuir a força necessária para serem vencedores contra todos os demais. Essa crença não se desmonta facilmente, porque, quando amanhã esses indivíduos se tornarem, como já são, miseráveis solitários empobrecidos, não farão outra coisa senão acusar por sua derrota os imigrantes, os comunistas ou Satanás, dependendo de sua psicose predileta.

Enquanto a justiça social é condenada como uma aberrante intrusão do socialismo estatal na liberdade dos indivíduos, a ferocidade competitiva é naturalizada: na luta pela vida, quem não está à altura da ferocidade merece morrer. A empatia, incompatível com a economia da sobrevivência, é, na verdade, autolesiva.

Como diz Thomas Wade no romance *Na quarta dimensão*, de Cixin Liu: "Se perdemos nossa natureza humana, perdemos muito, se perdemos nossa natureza animal, perdemos tudo".[12]
A brutalidade se torna o fundamento da vida social.

O INCONSCIENTE CONECTIVO E O FIM DA MENTE CRÍTICA

Em 1964, McLuhan escreveu que, quando a comunicação interpessoal passa da dimensão lenta da técnica alfabética à dimensão rápida da técnica eletrônica, o pensamento se torna inadequado para a crítica, e o pensamento mitológico é restaurado. A mutação tecnocomunicativa está se revelando mais avassaladora do que as próprias previsões de McLuhan.[13]

Segundo o CEO da Netflix, Reed Hastings, o principal concorrente das empresas de informação é o sono. Somando as horas de atividades em *multitasking* de uma pessoa de nosso tempo, o dia chega a 31 horas, das quais apenas seis horas e meia são dedicadas ao sono.

Em 24/7: *O capitalismo ao assalto do sono*, Jonathan Crary escreve que o tempo médio dedicado ao sono diminuiu, em um século, de oito horas e meia para seis e meia. Quais são as consequências dessa redução do sono na autonomia mental de cada indivíduo?

Por treze horas, todos os dias, a mente está exposta a estímulos provenientes da infosfera. Um leitor de livros podia expor sua mente à recepção de sinais alfabéticos por muitas horas, mas a intensidade e a velocidade dos impulsos eletrônicos são incomparavelmente superiores. Quais são as consequências dessa transformação tecnocomunicativa?

Em resumo: a mente, submetida ao bombardeio ininterrupto de impulsos eletrônicos, independentemente de seu conteúdo, funciona de maneira completamente diferente da mente alfabética,

---

12. Liu Cixin, *Nella quarta dimensione*, trad. Benedetta Tavani. Milão: Mondadori, 2023. Trata-se do último romance da trilogia do escritor chinês, composta, em ordem cronológica, por: *O problema dos três corpos* (2006); *A matéria do cosmo* (2008) e *Na quarta dimensão* (2010). [N. T.]

13. Herbert Marshall McLuhan (1911-1980), sociólogo, filósofo, crítico literário e professor canadense. Publicou, em 1964, o livro *Understanding Media: The Extensions of Man*. [N. T.]

que tinha a capacidade de discriminar o verdadeiro do falso nas informações e possuía a capacidade de construir um percurso individual de elaboração. Essa capacidade, na verdade, depende do tempo de processamento disponível, que, no caso de um jovem que vive treze horas por dia na infosfera eletrônica, é reduzido a zero.

A distinção entre verdade e falsidade dos enunciados não só se torna difícil, mas também irrelevante, como quando nos encontramos num ambiente de *gaming*, onde não faz sentido aprovar ou desaprovar a violência dos homens verdes que invadem o planeta vermelho. Fazer isso só provocaria a perda da partida.

A configuração conectiva da mente contemporânea se torna cada vez mais indiferente à distinção entre verdadeiro e falso, entre bom e mau. A escolha entre um estímulo e outro não depende de um julgamento crítico, mas do grau de excitação, ou do estímulo de dopamina.

Dou um exemplo pessoal: na noite de 9 de novembro de 2016, quando se aguardavam os resultados das eleições americanas em que Hillary Clinton enfrentava Donald Trump, lembro-me de que acordei às quatro da manhã para ligar o computador e ver como havia terminado a disputa. Não é que tivesse alguma simpatia por Hillary, mas considerava moralmente repugnante a ideia de que o energúmeno pudesse se tornar presidente. No entanto, percebi que alguma coisa em mim desejava que acontecesse o evento mais forte, mais inesperado, mais escandaloso, em suma: mais estimulante dopaminérgico. E meu sistema nervoso foi atendido. O horror prevaleceu, e o espectador que vive em mim ficou satisfeito com o fato, pois todo espectador sempre deseja que a tela lhe envie o estímulo mais forte. Acredito que a mente conectiva tenha evoluído numa direção incompatível com o julgamento moral e a discriminação crítica.

O PROBLEMA DOS TRÊS CORPOS

O *slogan* com que um grupo de sionistas franceses (*nous vivrons*) atacou a manifestação feminista de 8 de março, quando muitas mulheres carregavam bandeiras palestinas, me faz lembrar da já mencionada frase de Cixin Liu: "Se perdemos nossa natureza humana, perdemos muito, mas se perdemos nossa natureza animal, perdemos tudo".

No século em que estamos afundando, para sobreviver precisamos assumir a aparência e os movimentos da fera exterminadora. Mas não é certo que sobreviveremos: o século encontrou agora sua marca no genocídio em cadeia.

O ministro israelense Ben-Gvir apela à formação de bandos de agressores sionistas para combater, diz ele, o antissemitismo que está crescendo em todo o mundo, em primeiro lugar nas universidades norte-americanas. Pouco importa para esse indivíduo que uma parte considerável dos que ocupam os campi norte-americanos seja judeu (a comunidade mais representada em termos relativos).

Pouco lhe importa que a mobilização das universidades não tenha, de forma alguma, um caráter antissemita, mas sim antirracista e antinazista.

Enquanto isso, Ben-Gvir declara ter distribuído cem mil metralhadoras entre os colonos que ocupam a Cisjordânia. O genocídio deve se tornar uma empreitada popular, como foi em Ruanda, país que volta à tona porque os britânicos planejam usá-lo como cárcere para os solicitantes de asilo.

Como dizem os sionistas franceses que atacam as manifestações feministas culpadas de solidariedade com as vítimas de um genocídio: *nous vivrons*.

O que significa: "Nós viveremos, todos os outros podem morrer, estamos nos lixando".

Aterrorizante, mas compreensível. Ninguém pode esquecer que o povo judeu foi vítima do genocídio mais aterrador do século xx. Nenhum direito internacional protegeu milhões de judeus da bestialidade nazista.

Como consequência, uma parte considerável dos descendentes das vítimas desenvolveu a convicção (justificada) de que apenas a bestialidade nazista pode protegê-los.

Esse é o paradoxo pelo qual nos movemos, e temos que aceitá-lo em toda sua complexidade irredutível para entendermos por que o nazismo se tornou o estilo político de Israel e por que o povo judeu está destinado a uma crise profunda, talvez terminal, que levará ao desmoronamento de seu Estado.

O erro de Hitler, dizem os nazistas de hoje, foi simplesmente acreditar que os judeus eram inimigos da raça branca, enquanto Israel é a vanguarda do Ocidente. O genocídio israelense deve ser lido como uma reação ao crescente isolamento da raça branca, cujos votos na Assembleia-Geral da ONU são um espelho. Sei bem que a raça branca não existe, mas a mitologia da supremacia branca, que motivou cinco séculos de colonização e exploração, existe e se tornou ainda mais virulenta precisamente em nosso tempo, em que pela primeira vez se vê ameaçada por seu próprio declínio, precisamente agora, quando a vingança dos oprimidos parece estar mais próxima.

As condições mudaram, porque o Ocidente já não é hegemônico, já não tem o predomínio absoluto da força militar, e a raça branca está em declínio em nível demográfico, econômico, cultural. Mas a mitologia branca de forma alguma desapareceu, mostra sua face agressiva e ameaça arrastar o planeta para seu delírio suicida.

Portanto, duas guerras se entrelaçam no cenário mundial: a primeira é a que opõe o racismo branco e sionista ao surgimento de um grupo pós-colonial que não consegue se tornar uma frente unida, mas multiplica os pontos de conflito. A segunda é a guerra inter-branca que opõe as democracias liberais agonizantes à proliferação da peste negra.

Marx e Darwin

> O comunismo na condição de suprassunção [*Aufhebung*] positiva da propriedade privada, enquanto *estranhamento-de-si* [*Selbstentfremdung*] humano, e por isso enquanto apropriação efetiva da essência humana pelo e para o homem. [...] Este comunismo é, enquanto *naturalismo consumado = humanismo*, e enquanto *humanismo consumado = naturalismo*. Ele é a verdadeira dissolução [*Auflösung*] do antagonismo do homem com a natureza e com o homem; a verdadeira resolução [*Auflösung*] do conflito entre existência e essência, entre objetivação e autoconfirmação [*Selbstbestätigung*], entre liberdade e necessidade [*Notwendigkeit*], entre indivíduo e gênero. É o enigma resolvido da história e se sabe como esta solução.[1]
>
> *Manuscritos econômicos-filosóficos*
> KARL MARX

Neste trecho juvenil, com uma linguagem ainda plenamente hegeliana, Marx formula uma síntese extrema e densíssima da visão da história que depois irá elaborar em direção materialista, quando se liberta da dialética entre essência e existência, para captar no interior da relação entre tecnologia e trabalho o núcleo profundo da possibilidade comunista. Coloquei a epígrafe como abertura do capítulo sobre a relação entre o conceito de evolução e a ideologia da história porque tal passagem, embora filosoficamente imatura, nos permite compreender de que maneira Marx atribui ao comunismo da classe trabalhadora a função de resolver o enigma da história, ou melhor, de libertar a existência da alienação que também a constitui.

---

1. Karl Marx, *Manuscritos econômicos-filosóficos*, trad. Jesus Ranieri. São Paulo: Boitempo, 2010, p. 105.

MARX E DARWIN

Parece que, em 1880, Marx tinha a intenção de dedicar *O capital* a Charles Darwin, e que Darwin educadamente recusou a proposta.

Na carta assinada e datada a 13 de outubro de 1880, Darwin escreve: "Preferiria que o volume não me fosse dedicado (embora agradeça sua intenção, que me honra), pois isso implicaria de alguma forma minha aprovação da obra em sua totalidade, da qual não tenho nenhum conhecimento".

Alguns estudiosos duvidam que essa troca epistolar entre Marx e Darwin tenha realmente ocorrido, mas a questão é curiosa e me leva a refletir sobre a relação entre o pensamento de Marx e o pensamento de Darwin.

Não há dúvida de que Marx e Engels tinham muita admiração pelo trabalho do naturalista inglês. Engels, que tinha a intenção de se dedicar profundamente às ciências naturais sob uma perspectiva dialética, leu *A origem das espécies* assim que o livro chegou às livrarias em 1859, e escreveu a Marx:

> Este Darwin, que estou lendo, é realmente sensacional. Ainda havia um aspecto no qual a teleologia não havia sido demolida: agora se concretizou. Além disso, nunca havia sido realizado um esforço de tal vigor para demonstrar que há um desenvolvimento histórico na natureza, e nem com um destino semelhante.

A visão darwiniana, portanto, permite libertar as ciências naturais da teleologia, assim como Marx e Engels estavam libertando a história humana da teleologia.

Na *Introdução aos Grundrisse* (conhecida como *Introdução de 1859*), Marx escreve:

> A anatomia do ser humano é uma chave para a anatomia do macaco. Por outro lado, os indícios de formas superiores nas espécies animais inferiores só podem ser compreendidos quando a própria forma superior já é conhecida. Do mesmo modo, a economia burguesa

fornece a chave da economia antiga etc. Mas de modo algum à moda dos economistas, que apagam todas as diferenças históricas e veem a sociedade burguesa em todas as formas de sociedade.[2]

No ensaio *Marx à prova de Darwin*, Dominique Lecourt sustenta que no livro de Darwin Marx encontra "o fundamento histórico-natural da nossa concepção".[3]

E numa carta a Lassalle, Marx ainda escreve: "O livro de Darwin é muito importante [...] como base da luta histórica das classes".

Estamos acostumados a ler Marx como um continuador, ainda que crítico e inovador, da dialética histórica que tem seu fundamento no idealismo hegeliano. Embora Marx tenha se afastado de Hegel, chegando a afirmar que queria dar uma rasteira nele, para colocar em pé a dialética que em Hegel se apresentava apoiada sobre a cabeça, ainda continuamos a considerá-lo um pensador dialético.

Althusser denunciou o fato de que a metáfora da inversão é perigosa e enganosa, já que a dialética de uma forma ou de outra teria o mesmo funcionamento conceitual, porque se, como se diz por vezes, o pensamento de Hegel pode ser considerado um sistema de círculos, o círculo invertido é o mesmo círculo que existia antes da inversão.

Portanto, categorias como a de *Aufhebung* (superação) são abandonadas sem arrependimentos pelo Marx maduro, quando o objeto de sua atenção passa a ser a relação dinâmica entre a estrutura do capital e a composição da classe operária. Nessa relação, não há superações ou inversões, mas um conflito contínuo que leva a reestruturações e a fortalecimentos mútuos. No Marx maduro, consequentemente, a tensão teleológica implícita no conceito de história é substituída pela dinâmica de forças materiais que se opõem ao domínio do capital, ou, melhor dizendo, surgem como subjetividades autônomas.

---

2. Karl Marx, *Grundrisse. Manuscritos econômicos de 1857-1858: esboços da crítica da economia política*, trad. Mario Duayer e Nélio Schneider (colaboração de Alice Helga Werner e Rudiger Hoffman). São Paulo: Boitempo; Rio de Janeiro: Ed. UFRJ, 2011, p. 76.
3. Dominique Lecourt, *Marx al vaglio di Darwin*. Disponível no site: *www.mimesisjournal.com*.

Embora Marx logo se emancipe da ideia de que a história seja o processo de realização do Espírito, continua convencido (pelo menos aparentemente) de que a história é, de alguma forma, a realização de alguma coisa.

Exatamente o quê, não sabemos.

O comunismo? Na verdade, o comunismo não é para Marx um ideal a ser realizado, nem mesmo um programa, mas a abolição do estado atual das coisas: a abolição da propriedade privada, da exploração e da acumulação de valor abstrato.

Nesse ponto, todo finalismo é abandonado.

O que nos interessa é a dinâmica. O fim é nada, o movimento é tudo.

Por isso podemos dizer que o pensamento de Marx se insere na esfera do pensamento darwiniano entendido como pensamento da evolução que se desenvolve segundo as regras de uma seleção natural que não tem qualquer finalidade, significado teleológico ou transcendental.

Na evolução não há projeto, não há intenção, mas desequilíbrio entre forças, conflito e adaptação do organismo a um ambiente mutável e perigoso. O que chamamos de história é a ilusão de que essa seleção natural seja o cumprimento de ideais ou de projetos. Graças a essa ilusão, acreditamos no livre-arbítrio, acreditamos na política. Mas a ideia de vontade livre não é nada além de uma superstição que veste de heroísmo idealista a brutal seleção na qual entidades coletivas – povos, Estados, classes sociais – competem para conquistar um espaço vital às custas de outras entidades coletivas.

Como na natureza, também na trajetória humana (que chamamos de história para nos fazer de importante) prevalece a força (o conjunto de forças) mais apta a se integrar ao ambiente (físico, psíquico etc.).

Nesse sentido, o pensamento de Marx pode ser assimilado ao darwiniano, mas essa analogia conceitual precisa ser manuseada com muito cuidado.

Nas últimas décadas do século xx, prevaleceu na ideologia liberal uma filosofia chamada de darwinismo social, que exalta o mercado como o local em que a *fitness*, ou adaptação ao ambiente, é definida pela competitividade, ou seja, pela capacidade de atender às demandas sociais.

De acordo com essa ideologia, o particularismo do mais forte e do mais apto está destinado a derrotar e subjugar todos os outros particularismos.

A seleção natural então se reapresentou na ideologia neoliberal como o domínio do mais competitivo, e como a eliminação dos incapazes de suportar o ritmo da economia competitiva.

Essa lógica se estendeu da economia a todas as esferas das relações sociais e geopolíticas, com a intenção de transformar o mundo – como de fato aconteceu a partir dos anos 1980 – numa selva na qual se luta pela sobrevivência, e a maior parte dos atores sociais sucumbem ou vivem nela miseravelmente, pois os mais aptos (os que criaram o ambiente de acordo com seus interesses privados) sobrevivem e prosperam às custas de todos os outros, e às custas do próprio ambiente, que foi transformado num inferno inabitável para a grande maioria dos humanos.

Essa nova versão do liberalismo é mais feroz do que a de Adam Smith, porque enquanto o fundador do liberalismo clássico reconhecia a necessidade de respeitar os direitos da sociedade, Margaret Thatcher afirmou que a sociedade não existe: existem apenas indivíduos, famílias e empresas dedicadas a buscar o máximo lucro.

A partir desse momento, o capitalismo se tornou um absolutismo do lucro: nenhuma lei, nenhuma regra que se oponha à plena expansão livre da exploração dos recursos humanos e naturais tem mais valor. A desregulamentação é a libertação dos espíritos animais da atividade.

Com razão, os neoliberais afirmaram ser darwinianos que estendem o princípio da seleção natural à esfera das relações sociais. Como podemos, então, afirmar que o pensamento de Marx se inscreve no contexto do evolucionismo?

Como podemos acreditar que Marx aceita o princípio da seleção natural, ou seja, o princípio segundo o qual na história humana, como no mundo natural, quem prevalece é sempre o mais adaptado ao ambiente, ou seja, o mais forte?

Não corremos o risco de abandonar assim todo universalismo, toda perspectiva de emancipação da exploração e, principalmente, de trair o igualitarismo que constitui o princípio fundamental do movimento operário, do qual o marxismo é inspirador?

Aí está o golpe de gênio do materialismo marxista que eu gostaria de ilustrar.

O igualitarismo comunista não é um princípio ideal que deve ser realizado na história da luta de classes por meio da política. Marx não propõe a *realização* do ideal igualitário: o igualitarismo não é um princípio, nem um objetivo, mas o processo que, da abstração do trabalho e da igualdade prática entre os trabalhadores, caminha para a criação de uma sociedade na qual a igualdade econômica seja condição para a liberdade das diferenças culturais.

Marx não acredita na democracia política, não acredita na lei. Não acredita que a dialética política possa reverter as relações entre as classes. Somente a luta social pode fazer isso. Sabe muito bem que a lei é a formalização de uma relação de força, sabe muito bem que a democracia política é um quadro muito frágil no qual, em última análise, apesar da igualdade jurídica e formal, as relações entre as classes prevalecem.

A verdadeira partida é jogada na relação de força entre as classes sociais.

A história procede por meio de uma espécie de seleção natural, na qual o mais forte, o mais adaptado ao ambiente social, impõe seus interesses e suas regras.

Nesse sentido, podemos dizer que o pensamento de Marx se insere na esfera do evolucionismo.

No entanto, para Marx, o capitalismo industrial criou uma classe que sofre de uma alienação radical: a classe operária. Uma massa cada vez maior de pessoas a quem o capital oferece a possibilidade de sobreviver (de se reproduzir como mera força de trabalho), mas retira dela tudo o que pode ser considerado humano. Retira a liberdade de viver o próprio tempo, retira os prazeres da existência, retira a dignidade e a respiração. Para definir essa expropriação radical, Marx toma como empréstimo a (ambígua) palavra hegeliana *alienação*.

O sujeito do conhecimento histórico é, por si só, a classe oprimida que luta. Em Marx, essa figura aparece como a última classe feita escrava, como a classe vingadora, que leva a cabo a obra de libertação em nome de gerações de derrotados.[4]

A classe operária não pode se emancipar de sua condição particular sem questionar todas as formas de opressão, de exploração e de empobrecimento da existência coletiva. A emancipação dessa classe só pode ocorrer emancipando toda a humanidade do capitalismo, da lei do valor e também da guerra, da violência que nasce do particularismo do capital.

O particularismo da classe operária é portador de universalidade. Por essa razão, Marx não trai a intenção universalista que encontra na igualdade social e no internacionalismo político sua forma mais acabada.

O internacionalismo não é um princípio abstrato de fraternidade universal, nem um imperativo moral de tipo kantiano, mas a expressão política do interesse operário, que nada tem a ver com a nação.

Os operários franceses e os operários alemães têm os mesmos interesses, isto é, não têm nenhuma razão para lutar uns contra os outros.

Enquanto o capital detiver o poder de obrigar os homens a se submeterem aos seus interesses, os operários franceses e os operá-

---

4. Veja-se Walter Benjamin, "Sobre o conceito de história" in: *Magia e técnica, arte e política*: Ensaios sobre literatura e história da cultura, trad. Sérgio Paulo Rouanet. São Paulo: Brasiliense, 2012, pp. 241-252.

rios alemães serão forçados a vestir o uniforme nacional, a pegar um fuzil e a se direcionar a lugares lamacentos, para serem mortos com o objetivo de defender uma fronteira que nada significa para eles.

Nesse sentido, Marx não trai a vocação universalista que os judeus haviam trazido para a cultura moderna, ou seja, os que não pertencem a nenhuma *nação* particular e que, por razões materiais, são portadores do direito universal. Pelo contrário, ele a leva à sua realização: não mais apenas o universalismo dos direitos, mas também a concreta igualdade universal.

O universalismo marxista, ao contrário do iluminista, não se baseia na razão, mas na força. Nesse aspecto, Marx pode ser considerado darwiniano.

No entanto, a força a que Marx se refere não pode buscar seu interesse particular (livrar-se da exploração capitalista) sem buscar o interesse de toda a sociedade. Nesse sentido, a classe operária é, por assim dizer, uma força universalizante.

Por meio da luta de classes, a força operária torna possível a democracia como afirmação dos interesses de toda a sociedade.

Sabemos bem que a classe operária não existe: existem os operários, os que não possuem nada, que as *enclosures* expropriaram da terra, e por isso são forçados a vender sua vida e seu tempo para ganhar um salário com o qual compram o pão para alimentar seus filhos, força de trabalho que, por sua vez, será explorada no futuro.

E por isso alguém os chamou de *proletários*.

Tais indivíduos são forçados a viver em lugares horríveis chamados fábricas e a realizar gestos árduos e degradantes para aumentar o capital do patrão, e num determinado momento se tornam classe porque estão unidos pela convicção prática de serem classe.

O comunismo internacionalista é a mitologia que permite que esses indivíduos separados se tornem parte de um corpo social unitário e poderoso.

Somente quando a classe operária – essa entidade imaginária que existe na medida em que milhões de homens estão conscientes (ou se iludem, se preferirem) de fazer parte dela – exerce sua hegemonia sobre toda a sociedade, o interesse particular pode se tornar interesse universal.

Nessas condições, a seleção natural pode se voltar ao igualitarismo, à solidariedade e ao prazer coletivo de colaboração.

O pensamento de Marx conseguiu assim libertar a seleção darwinista de sua brutalidade, enquanto o darwinismo social, que está no coração do neoliberalismo (ou absolutismo capitalista), não vê nenhuma possibilidade de se emancipar do particularismo e não pode conceber a força senão como opressão de uns por parte de outros.

A democracia só funciona como um bem comum quando a classe trabalhadora (classe universal) possui força suficiente para se impor à dominação (particular) do lucro.

O internacionalismo seria uma utopia se não fosse a expressão de milhões de homens que, apesar de viverem em territórios muito diferentes, não pertencem a nenhuma nação de merda, e a sua forma de viver e de pensar não pode ser reduzida às tradições nem às características de uma identidade nacional ou de uma etnia.

Esses milhões de homens e mulheres são a classe trabalhadora, desde quando existe (existia) como uma ilusão partilhada.

Se essa ilusão partilhada se dissolver – como temo que tenha acontecido na era neoliberal, devido a razões materiais, estruturais e psicológicas –, então resta apenas o que temos à nossa volta: o particularismo idiota, a retórica da nação e a guerra.

Aí surge então a face sombria de Darwin, que Marx pensava poder suavizar: sem o internacionalismo, regressa a lei do mais forte, ou do mais apto a sobreviver, o que significa o mais armado, o mais cruel, o mais brutal.

Regressa a ferocidade.

E desaparece a piedade, que não é um sentimento religioso, mas a capacidade de reconhecer no outro a continuação sensível de si.

HISTÓRIA/EVOLUÇÃO

Na época moderna, concebemos a história como o efeito da ação consciente dos homens, cujo objetivo é subtrair a vida organizada das leis impiedosas da evolução, um processo pelo qual os organismos mais adaptados ao ambiente proliferam às custas dos organismos menos adaptados.

A palavra *impiedosas* não é usada por acaso.

A *pietas* é a diferença essencial entre a vida sujeita às leis da evolução e a história consciente.

A *pietas* não é apenas um sentimento moral, mas também solidariedade entre os que enfrentam juntos a dureza da natureza e experimentam juntos as possibilidades da ação inteligente comum. A *pietas* é condição de cooperação entre grupos e indivíduos, além de sua posição na escala evolutiva.

A retórica da civilização pode, em última instância, ser reduzida a isso: a história dos humanos associados se diferencia da natureza, pois se emancipa da implacável seleção natural, introduzindo princípios universais de justiça na relação entre grupos e indivíduos. Como vimos, Marx não acredita muito nesses princípios, ou pelo menos não acredita na possibilidade de tornar operacionais os princípios universais na história real, porque os interesses vitais dos indivíduos e das classes prevalecem sobre os princípios, os dobram, distorcem ou anulam, se tiverem a força necessária para fazê-lo.

Em Marx, a evolução humana se torna história quando as classes sociais elaboram projetos e se organizam conscientemente para realizá-los.

A política seria a técnica que permite à vontade a possibilidade de realizar seus projetos e lhes impor, sendo assim capaz de sair da dimensão cegamente evolutiva e entrar na dimensão da consciência histórica.

O iluminismo moderno e o pensamento da democracia propuseram uma regulação jurídica dos comportamentos coletivos. Mas a regulação jurídica funciona enquanto os atores concretos do jogo reconhecem a fundamentação ética das regras, enquanto as regras não entram em conflito com os interesses materiais desses atores.

Marx propõe fundar a política sobre uma base, digamos, mais darwiniana: a política é a organização dos interesses sob a forma de projetos, e a classe operária soube, de fato, colocar em prática uma política na qual o interesse particular coincide com o interesse da grande maioria da sociedade; uma política igualitária baseada num interesse material de classe.

Contudo, essa possibilidade parece ter desaparecido desde que os trabalhadores, devido à desregulamentação neoliberal e à digitalização, se encontraram em condições de isolamento, quando se viram em competição constante devido à precarização.

A evolução (re)tomou o lugar da história desde que a vontade livre se tornou ineficaz e, como consequência, os projetos políticos perderam seu poder material.

Agora nos encontramos nessa última dimensão, em que o poder dos automatismos técnicos se tornou ingovernável, em que as tendências que se delineiam no horizonte do século XXI escapam às potências da vontade e da política.

Na época moderna passada, alguns grandes processos eram governáveis pela ação voluntária dos humanos envolvidos. Nem todos, é claro; mas, na complexidade da evolução planetária e social, a política conseguiu delinear esferas nas quais a vontade tinha poder: a construção da infraestrutura industrial, a imposição da soberania estatal sobre as dinâmicas sociais, a regulação parcial dos fluxos econômicos...

A esfera em que as vontades dos indivíduos, dos grupos e das nações podiam determinar processos decisivos foi chamada de história. Nesse âmbito, era possível moldar a evolução, retirando-a dos determinismos da natureza.

Havia campos sobre os quais a decisão política nada podia ou podia muito pouco: as epidemias, a demografia e os eventos meteorológicos imprevisíveis permaneciam ingovernáveis, relegados ao fundo da história.

O agente humano se orgulhava dos sucessos da vontade e se atribuía um poder superior ao que realmente possuía.

A vontade acreditava que podia dominar a complexidade do real, mas isso era uma ilusão.

Hoje essa ilusão caiu: a ação organizada e voluntária já não consegue mais governar a não ser uma parte minúscula, talvez irrelevante, dos grandes processos que envolvem a existência da população do planeta. Pensemos nas mudanças climáticas, cujos efeitos têm repercussões nas migrações, no inconsciente coletivo e na imaginação, dando origem a um movimento imparável de natureza furiosamente reacionária.

A psicopatia desenfreada, a depressão em massa das novas gerações, os efeitos depressivos do envelhecimento da população e, finalmente, o processo da queda de natalidade são tendências sobre as quais a política não tem poder de ação.

A demografia é um domínio sobre o qual não temos controle, exceto numa medida mínima: a explosão demográfica do século passado não foi planejada nem planeável, mesmo que o progresso nos domínios da medicina e da nutrição tenha favorecido essa explosão. E, no século XXI, a redução da taxa de natalidade é uma tendência que não pode ser alterada pela força da vontade e da lei, mesmo que suas consequências biopolíticas e psicopolíticas possam ser catastróficas.

Sobre o clima, sobre a demografia e sobre a psicopatia não podemos fazer nada, ou muito pouco. Por isso, quem nega a existência do problema climático ganha as eleições. Negam a impotência e dedicam seus esforços a criticar e ameaçar inimigos imaginários, desviando a impotência para o desejo de vingança contra um inimigo imaginário como os migrantes.

Quando a vontade é esvaziada de todo poder, o acontecimento histórico se reduz à sua substância biopolítica e psicopolítica. Consequentemente, a política se reduz a gesticulação impotente, a exorcismo, a superstição, a reação furiosa contra o inevitável.

Isso não significa que a política não possa causar danos: há forças políticas e líderes que constroem sua fortuna incitando à guerra, ao genocídio e ao racismo. Para combater processos irreversíveis, os governos de direita mobilizam energias contra bodes expiatórios, como os migrantes: mas isso é apenas um efeito da impotência e do enlouquecimento furioso e desesperado que decorre da impotência.

A pandemia foi o momento da verdade; esse flagelo nos forçou a reconhecer que há entidades minúsculas (o vírus) e gigantescas (o calor infernal que sufoca o planeta) que não temos o poder de governar ou repelir, mesmo que possam colocar em risco a sobrevivência de bilhões de pessoas. Foi em virtude da pandemia que a impotência da vontade se revelou aos olhos de todos os que ainda são capazes de ver.

O OTIMISMO FEROZ

Enquanto a vontade parece ter perdido sua potência, e na psicosfera circula um vento carregado de angústia, os fanáticos defensores da Ordem supremacista proclamam um Otimismo Feroz que se apresenta como transumano.

Num manifesto de otimismo que circula em ambientes hipertecnológicos, Marc Andreessen, um dos fundadores da internet, repropõe o estilo futurista de pensamento para combater a *desmoralização em massa*.

Andreessen começa com uma citação:

> Um manifesto de um tempo e de um lugar diferente do nosso dizia: "A beleza existe apenas na luta. Não há obra-prima que não tenha um caráter agressivo. A tecnologia deve ser um ataque violento às forças do desconhecido, para forçá-las a se curvar diante do homem".[5]

Tais palavras nós conhecemos bem. Foram escritas, em 1909, por um mau poeta e inspiraram uma legião de fanáticos que conseguiu arrastar o povo italiano para uma guerra inútil e sanguinária que custou centenas de milhares de vidas.

---

5. Marc Andreessen, *Techno optimist manifesto*, disponível on-line.

Eles se chamavam futuristas, e hoje estão voltando à moda porque, na Itália, há um governo que busca referências para conquistar a hegemonia cultural.

O otimista Andreessen assim continua:

> Nossa sociedade foi submetida a uma campanha de desmoralização por seis décadas, uma campanha contra a tecnologia e contra a vida, que tem diversas denominações, como risco existencial, sustentabilidade, desenvolvimento sustentável, responsabilidade social, princípio de precaução, verdade e segurança, ética, gestão de riscos, decrescimento, limites do crescimento etc. Esta campanha de desmoralização se baseia em ideias ruins do passado, ideias zumbis, muitas das quais derivadas do comunismo, que foi e continua a ser um desastre que se recusa a morrer. Nosso inimigo é a estagnação.[6]

É com esse tipo de retórica que a nova direita global tem conquistado a atenção dos jovens. Em nome de uma espécie de heroísmo um tanto fanático que despreza a segurança no trabalho, porque são os trabalhadores que morrem, que despreza a redução das emissões tóxicas, porque os tecno-otimistas têm ar condicionado, e que despreza o pacifismo, porque quem morre na guerra são os idiotas forçados pela miséria ou pelo serviço militar obrigatório a partir para a frente de batalha e levar um tiro.

O retorno do heroísmo é uma tendência bastante imbecil, mas perigosa, porque se enraíza facilmente entre os que, animados pela testosterona e pela ignorância, querem se rebelar contra a depressão a todo custo. Rebelar-se contra a depressão seria uma coisa excelente, se não fosse o fato de, neste caso, ser a guerra a cura proporcionada por pessoas como Andreessen, Limonov ou Bernard Henry Levy: guerra contra o ambiente, contra os estrangeiros e, sobretudo, contra a inteligência.

A guerra, o homicídio e a violência são, sem dúvida, ótimos remédios contra a depressão. Mas, em primeiro lugar, o preço dessa cura é pago por uma vítima, em sua maioria, inocente. Em segundo lugar, trata-se de uma cura que só funciona por um curto período.

---

6. *Ibid.*

É como tomar anfetamina para contrabalançar os efeitos de uma crise depressiva. Por uma noite, funciona perfeitamente bem, mas na manhã seguinte, geralmente, a pessoa se joga do décimo andar.

O fascismo, a guerra e o produtivismo são remédios anfetamínicos desse tipo. Por um tempo, dão-nos uma sensação de excitação, mas depois afundamos na desgraça e na dor.

Os fascistas são esses tipos de deprimidos, incapazes de entender a dor dos outros e, principalmente, incapazes de compreender o significado profundo da própria dor.

Retomando o futurismo, o tecno-otimismo aceleracionista se baseia na ideia de que "as pessoas inteligentes e as sociedades inteligentes superam em eficiência as menos inteligentes a partir de todos os pontos de vista que possam ser mensurados. A inteligência é o direito de nascimento da humanidade; deveríamos expandi-la o máximo que pudermos", como ainda está escrito no *Manifesto*.

Segundo Andreessen, a seleção natural premia o mais inteligente: mas, nesse contexto, a palavra *inteligente* significa apenas ser capaz de sobreviver a qualquer custo. Consequentemente, pode-se dizer que a seleção natural premia quem possui as ferramentas cognitivas e morais que permitem que seja o exterminador e não o exterminado.

Essa inteligência é função da ferocidade.

No entanto, o que é aqui descrito como o mais inteligente (o mais violento, o mais feroz, o mais dominador) através de outro ponto de vista aparece como o mais tolo, o mais crédulo, o que acredita na superioridade de seus valores de mobilização permanente. E se o mais inteligente fosse o que consegue se desviar do horror, do sofrimento e do esgotamento?

Ao final da fábula, se lermos os propósitos supremacistas, tecno-otimistas e futuristas desse *Manifesto* (e de grande parte da retórica contemporânea), não conseguiremos desfazer a impressão de que se trata de um manifesto que prepara o genocídio generalizado.

O futurismo do século xx foi um movimento capaz de interpretar a aceleração da modernidade em seu ponto mais alto. Mas depois essa aceleração acabou se tornando um fator destrutivo, como demonstra de maneira incontestável a mutação climática.

Com toda sua inteligência, os tecnofuturistas, como Andreessen, não sabem imaginar o futuro de maneira diferente do futurismo do passado: mais expansão, mais velocidade, mais competição. Mais guerra.

A confiança tecno-otimista é uma posição puramente fideísta, ideológica, quase religiosa.

É difícil levar a sério esse tipo de fanatismo, mas somos forçados a fazê-lo porque o capitalismo não pretende de forma alguma parar ou desacelerar sua corrida, e esse tipo de fanatismo é o combustível ideológico que o alimenta. Mas é uma corrida em direção a um abismo que agora podemos ver claramente, porque não é mais tão distante, mas está aqui, diante de nós.

As palavras de Marinetti citadas no *Manifesto tecno-otimista* já estavam repletas de retórica há um século. No entanto, pelo menos à época, elas soavam autênticas, pois interpretavam uma tendência expansiva do corpo jovem da sociedade industrial e do colonialismo branco.

A ideia de expansão ainda tinha um fundamento psíquico e social, embora a expansão ilimitada tenha gerado colapsos em cascata no organismo do planeta e na mente de seus habitantes.

Hoje, a retomada da linguagem futurista soa falsa, ridícula, como o grito de um velho demente que repete palavras aprendidas na juventude, quando acreditava poder vencer qualquer batalha.

Muito melhor, pelo contrário, entender que a batalha está perdida.

O extermínio inteligente

A submissão do trabalho cognitivo foi incorporada no próprio trabalho: para poder entrar no ciclo produtivo, para poder ser remunerada, a atividade cognitiva deve, previamente, se submeter a formas padronizadas de funcionamento e estrutura.

Para se tornar trabalhador, o proletário precisava apenas entregar ao capitalista seu corpo e seu tempo em troca de um salário miserável que lhe permitia prover a si mesmo e seus filhos, destinados a substituí-lo na linha de produção. Nesse momento, o proletário se tornava operário, entrava na fábrica na qual encontrava todos os dias seus companheiros e com eles podia criar formas de vida e cultura autônomas, construindo estruturas políticas de sabotagem e autonomia.

Mas o cognitário (proletário cognitivo) que deseja se tornar precário (mal)remunerado deve submeter ao patrão sua atividade intelectual, imaginativa e relacional. Além disso, quando consegue entrar no processo de trabalho, quando consegue se submeter à exploração de seu tempo e de sua inteligência, o cognitário não encontra seus colegas, senão na forma de números na tela de um computador. A sociabilidade operária se perde quando a fábrica é substituída pela rede informática.

E como o salário do trabalhador cognitivo depende principalmente de um contrato temporário e precário, a competição com seus colegas se renova a cada dia. Nessas condições, a solidariedade é impossível.

O processo de subjetivação do trabalho cognitivo era o projeto dos movimentos que se manifestaram nas últimas décadas, especialmente no movimento No-Global que surgiu em Seattle e foi esmagado em Gênova.

O horrível massacre que um governo de fascistas e mafiosos lançou em Gênova, em julho de 2001, durante o G8 patronal, foi um aviso para todos os trabalhadores cognitivos da terra: se vocês tentarem se organizar nas ruas para criar formas de autonomia da exploração de seu cérebro, nós os mataremos.

Nessa ocasião, mataram Carlo Giuliani e massacraram, encarceram e torturam centenas de outros manifestantes.

Foi o início do século feroz em que vivemos. Pouco tempo depois, do céu azul, chegaram os aviões que destruíram as duas torres gêmeas de Manhattan, e a guerra civil global teve início.

Ao mesmo tempo, teve início a sucateação e a submissão do trabalho intelectual e das próprias faculdades cognitivas, submetidas a um bombardeio de infantilização publicitária e de terror militar.

Desde então, sabemos que o trabalho cognitivo – atividade que poderia ser direcionada para a utilidade, para a alegria, para o cuidado e para a beleza – está destinado a acumular lucros, a destruir o que resta do meio ambiente e a construir instrumentos para a guerra.

O genocídio israelense é o ponto de chegada de trinta anos de subordinação do intelecto geral ao extermínio.

Desde que a tecnologia está a serviço da guerra, a guerra se tornou sua função principal.

Para além de todas as conversas que ouvimos e continuaremos a ouvir a respeito do assunto, as pesquisas sobre inteligência artificial são essencialmente voltadas para otimizar o extermínio. O principal contratante dos produtos com inteligência artificial é o sistema militar. Portanto, a função e a estrutura da IA são determinadas pelo uso que o contratante pretende fazer dela: matar.

Matar é a função universal da tecnologia inteligente.

AUTOMAÇÃO DO GENOCÍDIO: LAVENDER

As guerras do século XXI são cada vez menos combatidas por seres humanos. Estes são suas vítimas, mas os executores do extermínio são máquinas. Máquinas cada vez menos controladas por homens, porque a tendência implícita nos sistemas de inteligência artificial (dotados de capacidade de autoaprendizado e *deep learning*) é a de libertar os humanos (organismos aleatórios frequentemente dotados de consciência e sensibilidade) da tarefa de torturar, mutilar, matar e exterminar, deixando essa incumbência a sistemas dotados de inteligência.

A palavra *inteligência* denota, neste caso, a capacidade de executar uma tarefa, sem avaliar e decidir a respeito de sua utilidade social, de sua licitude ética e assim por diante, sem necessidade de sentir emoções de qualquer tipo.

Inteligência sem sensibilidade, inteligência sem consciência: a máquina inteligente exterminadora é o produto geral do sistema capitalista na era da automação inteligente.

O nazismo do século xx precisava levar em conta os limites da inteligência emocional, como Jonathan Littell mostra em seu terrível romance *As benevolentes*.[1]

O tecnonazismo do século xxi, do qual os sionistas são o símbolo e a vanguarda, não precisa mais temer esses limites.

O trabalho de matar é desgastante, como aprendemos ao ler o romance de Littell, cujo tema é o cansaço psíquico de uma ss: o organismo humano tem limites físicos e psicológicos dos quais a máquina inteligente está emancipada.

O drone é a figura dominante dessa nova fase do nazismo: a guerra ucraniana e o genocídio em Gaza são o palco de experimentação dessa nova fase do extermínio – processo que se desenvolverá plenamente no século xxi.

Um drone é uma aeronave caracterizada pela ausência de piloto humano a bordo. Seu voo é controlado por computadores que sabem ver, ouvir e executar o extermínio.

Dos primeiros modelos de grandes dimensões, exclusivos de alguns exércitos dos países mais ricos, a tecnologia evoluiu com a construção de modelos minúsculos e funcionais em grupo (drones em enxame), que, devido à sua economia, estão agora ao alcance de qualquer um.

---

1. Ver Jonathan Littell, *Le benevole*, trad. Margherita Botto. Turim: Einaudi, 2022.

O genocídio israelense constitui a primeira aplicação em grande escala dessa Automação do Extermínio. Mas não devemos pensar que o genocídio de alta tecnologia, realizado pelo Exército de Israel, seja um episódio isolado; não devemos pensar que, após esse evento excepcional, a guerra voltará a assumir as antigas formas humanamente desumanas.

A desumanidade finalmente se emancipou do humano e pode finalmente seguir seu caminho.

Na competição tecnomilitar, as máquinas de extermínio estão destinadas a se tornarem pervasivas. De agora em diante, todo conflito armado – seja uma guerra nacional, uma guerra religiosa ou uma guerra civil – fará cada vez mais uso de técnicas de Extermínio Inteligente.

A revista israelense 972 publicou em abril de 2024 o serviço mais aterrador de que tenho memória: descreve a estrutura epistêmica e pragmática de um sistema de inteligência artificial projetado para identificar e atingir alvos hipoteticamente hostis.

Tais alvos podem ser transeuntes inocentes, crianças voltando da escola, mulheres indo pegar água na fonte. Não importa. O extermínio automático funciona *estocasticamente*, e a estocástica[2] militar não pode ser muito refinada.

O sistema israelense de extermínio, que leva o delicado nome de Lavender, é

> uma máquina especial que pode processar grandes quantidades de dados para gerar potenciais alvos de ataques militares durante uma guerra. Essa tecnologia resolve o que pode ser definido como o gargalo da identificação de novos alvos e da decisão de agir.[3]

Os humanos, portanto, são o gargalo, ou seja, o elemento de incerteza e lentidão. Por mais impiedosos e fanáticos que sejam, os humanos ainda são máquinas indeterminísticas: emotividade, incerteza e cansaço podem limitar sua competência homicida.

---

2. O termo vem do grego *stochastikos* e significa "o que pode ser adivinhado" ou "aleatório". Em outras palavras, "estocástico" se refere a processos ou sistemas que envolvem alguma forma de aleatoriedade ou incerteza. [N. T.]

3. Yuval Abraham, "*Lavender*: The AI machine directing Israel's bombing spree in Gaza", 972 Magazine, 3 de abril de 2004.

É necessário que a máquina inteligente assuma, pouco a pouco, toda a sequência de ações que tornam possível o extermínio: identificação visual e sonora, catalogação, seleção e eliminação. E, por fim, autocorreção e autoperfeição à procura de alcançar o objetivo maior: instaurar a ordem onde os humanos são o caos. Portanto, remover todo elemento humano.

> O Lavender desempenhou um papel essencial no bombardeio de palestinos [...], sua influência nas operações do exército foi tão importante que os militares trataram as informações da máquina guiada por inteligência artificial como se fossem decisões humanas. [...] O sistema, inicialmente, identificou 37.000 palestinos como militantes suspeitos, e considerou suas casas como alvos para bombardeios aéreos. [...] O exército israelense atacou sistematicamente os indivíduos escolhidos pelo sistema Lavender em suas casas, na maioria das vezes à noite, quando com eles estavam suas famílias. [...] De acordo com duas fontes que consultamos, o exército decidiu que para cada militante do Hamas identificado pelo Lavender, era permitido matar até 15 ou 20 civis [...], no caso de o alvo ser um oficial do Hamas, autorizava-se a eliminação de 100 civis.[4]

"A solução para os nossos problemas", acrescenta o oficial:

> É a inteligência artificial. Temos à nossa disposição um guia para construir uma máquina que determine os alvos, baseada em algoritmos de autoaprendizado. Neste guia, há muitos exemplos de características que permitem identificar uma pessoa como perigosa, como estar num certo grupo de WhatsApp, ou como trocar de celular com frequência, ou como mudar frequentemente de endereço. [...] Nas guerras, não há tempo para incriminar legalmente cada alvo, portanto, devemos aceitar uma certa margem de erro ao usar a inteligência artificial, devemos correr o risco de causar danos civis colaterais, ou de atacar alguém por engano, e devemos aprender a conviver com essa consciência.[5]

O oficial, cujas declarações são relatadas pela 972, conclui dizendo que, depois de ter matado centenas, ou melhor, milhares, ou até dezenas de milhares de crianças, mulheres e pessoas inocentes, é necessário então aprender a *live with it*, ou seja, a conviver com

---

4. *Ibid.*
5. *Ibid.*

isso. Uma expressão horrível que por si só nos revela até que ponto chegou a degradação ética, e quão profundo é o abismo de cinismo no qual o Exército de Israel afundou.

> B. (uma fonte de 972) nos disse que era normal que esta automação gerasse um número maior de alvos a serem abatidos. Num dia sem muitos alvos (porque os critérios de definição eram insuficientes) tivemos que baixar o limite de definição. Os soldados nos pressionavam incansavelmente: "deem mais alvos para nós". Eles gritavam pra gente. Acabamos de matar todos nossos alvos. [...] *Lavender* e sistemas semelhantes, como o chamado *Where's daddy*, se combinam para atingir o objetivo de matar famílias inteiras.[6]

Os órgãos oficiais do Exército israelense comentam com satisfação os resultados da máquina de guerra inteligente:

> O Estado de Israel é um ator de alta competência tecnológica, e utiliza suas competências como parte de seu arsenal diplomático para se tornar líder na criação do sistema internacional de *tech governance*. A necessidade de supremacia tecnológica decorre das ameaças que Israel deve enfrentar.[7]

A eliminação seletiva e a multiplicação das vítimas colaterais são o resultado de um aperfeiçoamento técnico do qual Israel é a vanguarda, mas não devemos pensar que isso seja um fenômeno isolado e pontual. Todo o Ocidente está se dotando de uma governança tecnológica guiada pela inteligência artificial exterminadora.

INTELIGÊNCIA E CONSCIÊNCIA

Gaza nos revelou a verdade derradeira da história humana: não há saída por meio da replicação infinita do ciclo violência-vingança-violência.

Então, por que hesitar?

---

6. *Ibid.*
7. *Ibid.*

É necessário esterilizar a inteligência. É necessário dissociar a inteligência da natureza indeterminística do inconsciente e da emotividade. Esse é o único modo de compreender a inteligência artificial no contexto da competição econômica e militar generalizada. A guerra é a continuação lógica da economia liberal, e a guerra requer um uso ilimitado da inteligência.

Mas para poder remover os limites da inteligência, precisamos saber o que Yuval Harari observa em seu livro *Homo Deus*: a dissociação da inteligência da consciência é a condição para a plena aplicação da inteligência.

A consciência, admitindo-se que essa palavra significa alguma coisa, é uma limitação da inteligência. Refiro-me à consciência ética, que denota sensibilidade, ou seja, consciência sensível, consciência incorporada. O trabalho de matar, que é o trabalho mais importante do tempo presente, o investimento mais relevante nessa economia terminal, se torna tanto mais produtivo quanto mais a inteligência (homicida) se emancipa da consciência (ética).

Desde que o sionismo transformou a população israelense no coração das trevas do supremacismo contemporâneo, Israel se tornou a *Endlösung-Machine* (Máquina da Solução Final). Por isso, sabemos que nunca haverá um pós-guerra.

Ninguém pode mais acreditar que haverá paz em algum futuro, porque o extermínio foi incorporado a uma máquina que se autocorrige, se aperfeiçoa, se conecta e se expande. Uma máquina que ninguém tem a capacidade de desativar.

A emergência da inteligência artificial revela ser, ao mesmo tempo, a consequência da obsolescência do homem e a condição para a submissão técnica definitiva dos humanos.

Essa é a única verdade a ser conhecida sobre a inteligência artificial na era da guerra total assintótica.[8]

Aviv Kochavi, chefe do Estado-Maior das forças de defesa israelenses, afirmou que a metodologia de guerra israelense se

---

8. *Assintótica* é um termo usado principalmente em matemática e em ciências exatas, mas também pode ser empregado em contextos filosóficos e sociais. Em matemática, uma função assintótica descreve o comportamento de uma função à medida que se aproxima de um valor específico (geralmente infinito) sem, de fato, nunca atingi-lo. Num contexto

inspira na teoria rizomática de Deleuze e Guattari. A proliferação assimétrica de micromáquinas de guerra é a melhor definição da ideia de transformar objetos de uso comum, como *pagers* e *walkie-talkies*, em armas de destruição em massa.

Somente leitores ingênuos poderiam acreditar que a metodologia rizomática de Deleuze e Guattari fosse uma teoria para a libertação. Na realidade, é uma coisa muito mais complicada e articulada: essa metodologia conceitualiza a complexidade das relações entre os componentes de uma realidade que não possui nenhum centro de comando: ela torna possível compreender, em primeiro lugar, o modelo econômico baseado na distribuição molecular do controle capitalista. Em segundo lugar, explica a inscrição molecular da guerra e do terror em cada fragmento da vida cotidiana e dos objetos de uso comum. A vida paranoica de Israel – um país que está permanentemente obcecado pelo ódio das populações vizinhas e que sempre estará (pelos poucos anos que ainda lhe restam para sobreviver) – está marcada por essa molecularização do terror.

A guerra de extermínio é – se me permitem o macabro trocadilho – a *killer application* da inteligência artificial.

A inteligência artificial pode ter nascido com intenções puramente científicas, ou puramente econômicas, ou até mesmo com ingênuas intenções humanitárias.

Mas seu uso perfeito, específico e definitivo é o extermínio.

Nos últimos anos, ouvimos falar de regulação ética para a inteligência artificial, ouvimos falar do alinhamento da tecnologia aos *valores* humanos. Tudo isso é conversa fiada. Em primeiro lugar: o que significa valores humanos? De qual universalidade estamos falando? A universalidade do lucro, da competição econômica e do crescimento ilimitado? Ou a universalidade de outra coisa? Quem é o Senhor da Universalidade, uma vez que toda a humanidade está culturalmente em guerra? A ideia de alinhar a tecnologia aos valores humanos é uma inversão do

---

mais figurado ou filosófico, o termo pode ser usado para descrever alguma coisa que se aproxima de uma situação ou condição de maneira constante, mas sem realmente alcançá-la totalmente, como um processo ou tendência infinita. [N. T.]

que aconteceu e do que está acontecendo atualmente no mundo real da pesquisa e aplicação da IA: nossas faculdades cognitivas foram alinhadas à formatação digital do mundo. Isso aconteceu nos últimos cinquenta anos, e agora chegamos à etapa final: alinhar a inteligência artificial ao imperativo do extermínio que domina o inconsciente e a ferocidade da seleção natural. Todos os discursos sobre a ética da IA são bobagens, porque se baseiam na remoção e no esquecimento do uso militar da IA, que, ao contrário, domina as pesquisas, os financiamentos e o uso dessa tecnologia: inteligência guiada pela demência, pela psicose e pelo horror.

MÁQUINAS E LINGUAGEM

Com a expressão *extermínio do real*, Jean Baudrillard se refere aos efeitos da digitalização sobre o próprio estatuto da realidade, que se transforma em projeção de simulacros compartilhados por meio da rede conectiva.

O mundo físico e os corpos eróticos desaparecem no fundo, sem relevância e intensidade, enquanto o espaço do real – a comunicação, a economia e a guerra – é cada vez mais ocupado por fluxos de emanação numérica.

A partir dos anos 1990, alguns autores ligados ao pensamento pós-operário destacaram o caráter essencialmente linguístico do capitalismo pós-industrial.

Em um livro de 1995, *Palavras com palavras*, Paolo Virno percebe que "o mundo é linguisticamente constituído pelo que, na linguagem, manifesta a incompletude ou limitação da linguagem em relação ao mundo".[9]

Em outro livro de 2002, *Capital e linguagem*, Christian Marazzi não apenas revela o caráter sempre mais intimamente linguístico do trabalho, mas também interpreta em termos linguísticos e performativos o próprio processo de financeirização da economia capitalista.

---

9. Paolo Virno, *Parole con parole: poteri e limiti del linguaggio*. Roma: Donzelli, 1995.

O que é a finança senão a tradução da riqueza real em figuras semióticas, números, sinais, funções e códigos? De um lado, o processo de trabalho é transformado num entrelaçamento de enunciações linguísticas e trocas de informação, de outro, a função financeira ganha um lugar central na acumulação de capital.

Graças à digitalização dos mercados, o dinheiro não é, de fato, mais um mero instrumento de troca, mas se tornou um fator de expansão do capital.

Se considerarmos a linguagem não apenas como uma ferramenta usada na realidade institucional para descrever os fatos, mas também para criá-los, então entramos num mundo no qual as instituições, como o dinheiro, a propriedade, as tecnologias e o próprio trabalho, são todas instituições linguísticas. Tudo isso molda nossa autoconsciência, e a linguagem se torna uma ferramenta de produção dos próprios fatos reais.[10]

A onipotência do capital se manifesta, enfim, como o estágio mais complexo da própria onipotência da linguagem. Desde sempre, a linguagem aspirava a se tornar potência real, e, graças à inserção tecnológica da linguagem nas máquinas, essa aspiração foi concretizada.

Com um movimento vertiginoso, vemo-nos então catapultados para um universo no qual a onipotência divina parece estar ao alcance da mão.

Aparentemente.

A história dos últimos vinte e cinco anos revelou a perspectiva paradisíaca da onipotência do capital feito linguagem, ou melhor, da linguagem feita capital. Mas logo em seguida, a mesma história revelou que há outra face desse processo, porque o corpo, expulso da cena do real, retorna brutalmente, como matéria pulsante, sofrida, torturada e mortal.

A utopia da perfeita redução do mundo à linguagem (por meio da financeirização e da digitalização) se revela o que era:

---

10. Christian Marazzi, *Capitale e linguaggio*: dalla *new economy* all'economia di guerra. Bolonha: Derive/Approdi, 2002, p. 19.

uma utopia, de fato. A outra face dessa utopia é o empobrecimento da experiência sensível, a rarefação dos contatos entre os corpos, a anorexia sexual, a solidão. Ou, com um retorno agressivo de vitalidade, a violência e a guerra.

Se as máquinas conectivas tomam posse do espaço da linguagem e da inteligência, os humanos se tornam cada vez mais incapazes de se conectarem, perdem a competência do sussurro, da ironia e da sedução.

Se isentarmos os humanos da tarefa de escrever, de pensar e de emitir sinais, porque essas funções são realizadas, à sua maneira, pela máquina – então o que resta dos corpos é a ferocidade.

O EXTERMÍNIO NÚMERICO E O NOME DE DEUS

A utopia de reduzir o mundo a uma fórmula mágico-matemática não é nova na história da cultura. Pelo contrário, antiquíssima é a obsessão pela perfeita redução do mundo a algoritmo, a sucessão numérica, assim como é antiga a busca por uma linguagem capaz de evocar, em vez de representar.

No princípio era o Verbo. Foi, portanto, o Verbo que gerou os dez mil seres.

Mas o Verbo se perdeu devido ao pecado, e não conseguimos reencontrá-lo nas coisas de nossa experiência, perdida na mentira e no erro. Então, como retornar ao Verbo?

Dar à enunciação um poder concreto sobre as coisas e os eventos é uma obsessão que atravessa culturas distantes entre si.

Na esfera linguística chinesa, o pensamento e a prática confuciana se propõem a retificar a linguagem para torná-la capaz de agir efetivamente sobre a realidade, e assim guiar as escolhas do homem sábio por meio de um ajuste funcional da linguagem à estrutura íntima das coisas.

Se o confucionismo concentra a atenção na funcionalidade da retificação dos nomes, no pensamento budista a questão é abordada em termos cósmicos e espirituais: o mantra (emissão de sinais sonoros) adquire poder evocativo graças à sua relação osmótica com o prana (fluido material cósmico).

No livro *Foundations of Tibetan Mysticism*, Lama Anagarika Govinda escreve:

> O poder do poeta vidente está nisso: o que ressoa em sua voz não é a palavra ordinária, ou *shabda*, aquela com a qual o discurso comum é composto. Em vez disso, é o mantra, a emissão de som que possui um poder sobre o que é, para ser o que realmente é, de acordo com sua essência. [...] A palavra do poeta-vidente não fala, mas age.[11]

O *mantra* é concebido como um sinal a-significante dotado de uma potência evocativa que permite suscitar o real na experiência compartilhada da comunidade. *Prana* e *atman* estão unidos através da mediação sonora do mantra e da mediação visual do *mandala*.

Essa concepção da palavra como evocação e emanação inspirou a tradição simbolista moderna, de William Blake, passando por Mallarmé, até Rainer Maria Rilke.

Também a tradição monoteísta judaico-cristã, que inspira a psicocultura do Ocidente, nasce de uma necessidade que é simultaneamente mística e pragmática: a necessidade de fundir a evocação místico-linguística à eficácia geradora.

A tradição cabalística acompanha como um fluxo subterrâneo o desenvolvimento do pensamento filosófico desde que Giovanni Pico della Mirandola, por volta de 1485, recebeu uma espécie de iniciação do judeu convertido Flavio Mitridate e introduziu a problemática místico-numérica na cultura ocidental.

Essa tradição gira em torno do problema da restauração do poder gerador da palavra. Por causa do pecado, que provocou uma dissociação entre o conhecimento humano e o Absoluto, esse poder gerador se perdeu. Como fazê-lo emergir novamente?

---

11. Lama Anagarika Govinda, *Foundations of Tibetan Mysticism*. Nova York: Weiser Books, 1969, pp. 18-19.

Em seu livro *As grandes correntes da mística judaica*, Gershom Scholem percorre a história da tradição cabalística a partir da definição do deus criador.

"O pensamento cabalístico abandona o fundamento personalista do conceito bíblico de Deus."[12]

Mas se Deus não é uma pessoa, então o que é?

É um símbolo, um código, uma linguagem geradora.

"A língua atinge Deus porque vem de Deus."[13]

> O *Sefer Yetzira*, ou Livro da Criação, trata dos elementos do mundo, dos dez números primordiais, chamados Sefirot, e das vinte e duas letras do alfabeto hebraico. Estes representam forças secretas, cujo confronto gera as diversas combinações que deram origem à criação.[14]

A criação é um ato de combinação, ou para ser mais exato, é um processo de recombinação perpétuo dos elementos linguísticos geradores, e a evolução do universo é um processo de constante recombinação, do qual não possuímos a chave, porque justamente a perdemos por causa da comedora imprudente de maçãs que foi seduzida pela serpente.

A cabala se empenhou em encontrar essa chave – não uma chave meramente interpretativa, mas uma chave ativamente evocativa.

A inteligência artificial pode ser inscrita nesse filão, pois o objetivo desse estudo é finalmente tornar possível a geração linguística do mundo.

Naturalmente, as pesquisas de nossos tempos dispõem de técnicas muito mais eficazes do que as dos cabalistas, ou até mesmo dos alquimistas, que, no fundo, não fizeram mais do que aplicar o princípio recombinante à matéria física.

A fixação cabalística-alquímica se traduz na modernidade por meio da construção de autômatos e da manipulação técnica da matéria física e biológica.

---

12. Gershom Scholem, *Le grandi correnti della mistica ebraica*, trad. Guido Russo. Turim: Einaudi, 1993, p. 24.
13. *Ibid.*, p. 29.
14. *Ibid.*, p. 81.

Uma lenda que nasce nos círculos cabalísticos da Europa Central é a do Golem, protótipo dos autômatos que, na modernidade tardia, começaram a povoar o nosso mundo.

Na história narrada por Gustav Meyrink em seu romance *Der Golem*, de 1915, a criatura de argila criada magicamente não possui a faculdade de falar: é um autômato estúpido que sintetiza distopicamente a problemática filosófica da mística cabalística.

Embora o Golem seja incapaz de falar, para fazê-lo funcionar era necessário apenas colocar um papel com uma ordem em sua boca ou em outro orifício. O melhor modo de fazê-lo funcionar, no entanto, consistia em enunciar um nome de deus, ou a palavra *Emet* (verdade, em hebraico). Mas, ao apagar a primeira letra de *Emet* de sua testa, deixando apenas a sílaba *met* (que significa morto), o Golem podia ser desativado, voltando a ser uma massa de material inerte.

Há um poema maravilhosamente irônico de Borges que esboça o sentido geral da busca cabalística e da criação do Golem: uma introdução fantástica à história concreta da inteligência exterminadora. O poema conta a história de Judas Leon, o rabino de Praga que deu forma e vida a um autômato a quem deu o nome de Golem.

Borges começa dizendo que, como Platão sabia, o nome é o arquétipo da coisa, por isso na palavra Nilo está toda a água do rio.

Mas, então, deve haver um nome terrível, feito de consoantes e vogais, que codifica o nome de Deus e que possui a onipotência divina.

Devido ao pecado, perdemos a memória dessa combinação de signos, mas o rabino, ao final, conseguiu encontrá-la.

> Se (como no Crátilo afirmava o grego)
> o nome é o arquétipo da coisa,
> em suas letras rosa tem a rosa
> e na palavra Nilo cabe o Nilo.
> E, feito de consoantes e vogais,
> Nome terrível há de haver, que a essência
> cifre de Deus e que a Onipotência
> guarde em letras e sílabas cabais.
> Adão e as estrelas o souberam
> no Éden. Com a ferrugem do pecado

>   (dizem os cabalistas) foi velado
>   e as gerações humanas o perderam.[15]

Como o rabino Leon consegue realizar seu objetivo de adquirir a capacidade divina de dar vida a um simulacro? Ele combina e recombina números, letras, enfim, signos a-significantes, até obter a combinação para que funcione como um algoritmo, um código gerador, graças ao qual um amontoado de matéria vulgar, madeira, argila ou lama que seja, pode ganhar vida, movendo-se e agindo conforme a intenção.

>   Sedento de saber o que Deus sabe,
>   Judá León obrou permutações
>   de letras e complexas variações
>   e um dia disse o Nome que é a Chave,
>   a Porta, o Eco, o Hóspede e o Palácio,
>   sobre um boneco que com mãos inábeis
>   lavrou, para os arcanos ensinar-lhe
>   das Letras, e do Tempo, e do Espaço.[16]

Sedento de conhecimento, desejoso de possuir o poder que pertence a Deus, o rabino pronuncia, por fim, o Nome que é a Chave capaz de abrir a porta da criação. E assim o autômato criado pelo rabino Leon começa a se mover, a olhar ao redor e, inevitavelmente, a se perder na floresta de palavras que não correspondem a verdades eternas e essenciais, mas a circunstâncias contingentes, locais, singulares, ou a anotações indesejáveis que não significam nada sem a percepção sensível de si no tempo e no espaço.

>   O simulacro ergueu as sonolentas
>   pálpebras e viu formas e cores
>   incompreensíveis, em meio a rumores
>   e ensaiou temerosos movimentos.
>   Gradualmente se viu (como nós)

---

15. Jorge Luis Borges, "O Golem". In: *O outro, o mesmo*, trad. Heloísa Jahn. São Paulo: Companhia das Letras, 2005, p. 37.
16. *Ibid.*, pp. 37-38.

> aprisionado na rede sonora
> de Antes, Depois, Ontem, Enquanto, Agora,
> Direita, Esquerda, Eu, Tu, Eles, Vós.[17]

Agora, Borges, misturando erudição e ironia, cita o trabalho de Gershom Scholem, o maior estudioso da mística judaica:

> (O cabalista que agiu como nume
> à vasta criatura chamou Golem;
> dessas verdades dá notícia Scholem
> em um douto lugar de seu volume.)[18]

O rabino explica ao autômato mudo o significado e a função das coisas que constituem o universo, em sua casualidade e contingência.

Mas o autômato não fala, e parece obtuso.

Talvez, pensa o rabino, tenha ocorrido um erro na grafia ou na articulação do nome sagrado de Deus.

> O rabi lhe explicava o universo
> *Isto é meu pé; isto o teu; e isto a soga*
> e conseguiu, em anos, que o perverso
> varresse bem ou mal a sinagoga.
> Talvez houvesse um erro na grafia
> ou na forma de falar o Sacro Nome;
> porque mesmo com essa alta bruxaria,
> nunca falou, o aprendiz de homem.[19]

O cabalismo nasce da uma consciência do caos, a perda de ordem que torna o mundo ao redor inquietante e ameaçador; a desordem deve ser restaurada por meio da inteligência numérica e de chaves que possibilitem a restauração dessa ordem.

Borges sintetiza magnificamente a vocação digital-recombinatória do mistério cabalístico, mas, ao mesmo tempo, a ridiculariza.

A inteligência artificial se apresenta como implementação do sonho cabalístico: seu projeto, de fato, é encontrar a chave numérica capaz de gerar os inúmeros estados da existência.

17. *Ibid.*, p. 38.
18. *Ibid.*, p. 38.
19. *Ibid.*, p. 38.

Para ter sucesso nessa tarefa, é necessário que cada estado de existência seja numerado (ou marcado, como se diz na linguagem que os autômatos melhor compreendem).

O delírio obsessivo de controle total que percorre a civilização monoteísta ocidental encontrou uma técnica e uma metodologia capazes de devolver ao número a capacidade, não mais mágica, mas técnica, de gerar a realidade.

Mas, para conseguir realizar o projeto de redução exaustiva do mundo a séries algorítmicas, não basta o poder divino nem o poder cognitivo: é preciso dispor de uma massa infinita de trabalho assalariado e de enormes quantidades de energia. Só assim o sistema de máquinas, que continuamente emana a vida dos inúmeros seres do universo mundo, pode funcionar.

Mas onde se encontram os capitais para financiar a massa de trabalho e energia?

Qual setor da atividade pode estar mais imediatamente interessado na criação de sistemas de inteligência artificial?

Qual atividade pode ser potencializada pela datificação generalizada?

É fácil responder: a atividade de matar.

Ao lado do sistema financeiro, o principal contratante dos dispositivos dotados de inteligência artificial é o sistema militar.

O sistema militar é o maior financiador e utilizador da datificação do mundo vivo, de sua redução a cadáver ambulante.

Como o Golem, que era grande, forte e bastante brutal, mas não tinha o dom da palavra.

PAPAGAIOS ESTOCÁSTICOS EM DEVIR AUTOMÁTICO

Em virtude da convergência entre coleta massiva de dados, programas aptos ao reconhecimento e recombinação e dispositivos de geração, está surgindo uma tecnologia capaz de simular competências inteligentes específicas: papagaios estocásticos.

Agora, os papagaios estocásticos, devido à capacidade de autocorreção e à habilidade de escrever *software* evolutivo, estão destinados a acelerar enormemente a inovação técnica e, em particular, a inovação técnica de si mesmos.

Devemos logicamente inferir dessas premissas que os dispositivos de autocorreção inovadora (*deeplearning*) são capazes de determinar suas finalidades de maneira independente do criador humano.

Isso, naturalmente, assusta o criador humano, a ponto de muitos especialistas e pesquisadores se manifestarem a favor de uma suspensão das pesquisas no campo da evolução de autômatos inteligentes.

Mas é fácil entender por que, sob a pressão da competição econômica e militar, as pesquisas e a inovação não podem ser suspensas, especialmente no campo militar.

Como podem os Estados Unidos suspender as pesquisas sabendo que a China pode não fazê-lo, e certamente não as suspenderá, pois não pode saber se os Estados Unidos farão o mesmo?

A autonomia tendencial dos geradores linguísticos (por meio de seu criador humano) está implícita em sua capacidade de simular uma competência inteligente de forma mais eficiente do que o agente humano, ainda que num campo específico e limitado. Podemos prever que as competências específicas convergirão para a criação e concatenação de autômatos autodirigidos, e podemos prever que, para estes, o originário criador humano possa se tornar um obstáculo a ser eliminado.

Pensemos num automatismo inteligente inserido no mecanismo de controle de um dispositivo militar. Até que ponto podemos ter certeza de que não evoluirá de maneira imprevista, acabando talvez por disparar contra quem for semelhante a ele?

Quando escrevo *quem for semelhante a ele*, quero me referir ao fato de que os cálculos e deduções dos quais um cérebro artificial é capaz podem se tornar imprevisíveis para nós, incompreensíveis porque a velocidade de processamento do autômato o leva a conclusões e decisões que nós, em virtude de nossa lentidão, não somos preparados a elaborar nem a compreender.

Num artigo intitulado *We Are Opening the Lids on Two Giant Pandora's Boxes*, Thomas Friedman escrevia: "A engenharia já está à frente da ciência, em certo sentido".

A coisa mais preocupante é justamente essa: durante o desenvolvimento desses programas linguísticos generativos, alguns engenheiros revelaram não ser capazes de explicar os passos lógico-operacionais realizados pela máquina com base nas instruções de que ela dispunha e no desenvolvimento autônomo dessas instruções.

Os dados informativos aos quais o autômato pode ter acesso podem levá-lo a decidir de forma lógica a urgência de lançar a bomba atômica sobre alguém.

E quem poderá contradizê-lo?

Sei que estou fantasiando, que minha narrativa distópica se assemelha às feitas pela ficção científica *hard boiled* um pouco cyberpunk dos anos 1970-1980, mas acredito que todos já perceberam o fato de que as melhores previsões políticas sobre os eventos que nos perturbam hoje foram feitas precisamente por eles, os paranoicos drogados ultradistópicos dessa época distante, na qual o horror parecia apenas uma macabra fantasia.

O AUTÔMATO E O CAOS

Borges não escreveu apenas o poema sobre o Golem já citado, mas também um conto intitulado *A biblioteca de Babel*. Vamos lê-lo:

> A escrita metódica me distrai da presente condição dos homens. A certeza de que tudo está escrito nos anula ou faz de nós fantasmas. Conheço distritos em que os jovens se prosternam diante dos livros e beijam com barbárie as páginas, mas não sabem decifrar uma única letra. As epidemias, as discórdias heréticas, as peregrinações que inevitavelmente degeneram em banditismo, dizimaram a população. Creio ter mencionado os suicídios, cada ano mais frequentes. Talvez a velhice e o medo me enganem, mas suspeito que a espécie humana – a única – está em vias de extinção e que a Biblioteca perdurará: iluminada, solitária, infinita, perfeitamente imóvel, armada de volumes preciosos, inútil, incorruptível, secreta.[20]

20. Jorge Luis Borges, "A biblioteca de Babel". In: *Ficções*, trad. Davi Arrigucci Jr. São Paulo: Companhia das Letras, 2005, pp. 53-54.

No conto de Borges, publicado em 1941, há todo o nosso presente: a desintegração da civilização humana, o fanatismo religioso de jovens que beijam as páginas do livro que nem sabem ler, as epidemias, as discórdias, as migrações que degeneram em banditismo e dizimam a população. E, por fim, os suicídios cada vez mais frequentes a cada ano.

Uma boa descrição da terceira década do século XXI.

Por fim, Borges anuncia que a Biblioteca não está destinada a desaparecer com a humanidade: ela permanecerá, solitária, infinita, secreta e perfeitamente inútil.

Assim, a imensa biblioteca de dados registrados por sensores visuais, sonoros e gráficos, inseridos em cada recanto do planeta, continuará para sempre alimentando o autômato cognitivo que está tomando o lugar dos frágeis organismos humanos, envenenados pelos miasmas, dementes à beira do suicídio?

Assim diz Borges, quiçá.

Nos anos 1960, Günther Anders disse que o poder da tecnologia nuclear coloca a sociedade numa condição de impotência. Os Estados dotados da arma nuclear podem cada vez menos se esquivar da lógica da competição que leva a uma extensão e aperfeiçoamento cada vez mais destrutivo da tecnologia atômica, de tal forma que ela pode escapar da própria vontade de quem a concebeu e desenvolveu.

Nessa superioridade funcional da arma atômica, Anders via as condições para uma nova e mais completa forma de nazismo.

No novo século, as tecnologias digitais criaram as condições para a automação da interação social, ao ponto de tornar inoperante a vontade coletiva.

Em 1993, em *Out of Control*, Kevin Kelly previu que as redes digitais então emergentes criariam uma Mente Global à qual as mentes subglobais (individuais, coletivas ou institucionais) teriam que se subjugar forçosamente.

Ao mesmo tempo, a pesquisa sobre a inteligência artificial ia se desenvolvendo, tanto que hoje alcançou um nível de maturidade suficiente para prever a inscrição no corpo social de um sistema composto por inúmeros dispositivos capazes de tornar automáticas as interações humanas cognitivas.

A ordem lógica se inscreve nos próprios fluxos da reprodução social, mas isso não significa que o corpo social esteja harmoniosamente regulamentado por ela. A sociedade planetária está cada vez mais permeada de automatismos técnicos, mas isso de maneira nenhuma elimina o conflito, a violência e o sofrimento. Nenhuma harmonia está à vista, nenhuma ordem parece se instaurar no planeta concreto.

O caos e o autômato convivem entrelaçados e se alimentam mutuamente.

O caos alimenta a criação de interfaces técnicas de controle automático, que, sozinhas, tornam possível o curso da produção de valor. Mas a proliferação de automatismos técnicos, manejados pelas inúmeras agências de poder econômico, político e militar em conflito, acaba por alimentar o caos, em vez de reduzi-lo.

Estão se desenrolando duas histórias paralelas do mundo, com pontos de interseção ubiquamente presentes, mas ainda assim separadas: a história do caos geopolítico, psíquico e ambiental, e a história da ordem automática que se encadeia de forma extensiva, envolvendo e subjugando o mundo sem, contudo, governá-lo.

Tudo isso continuará dessa forma, ou haverá um curto-circuito, e o caos tomará o controle do autômato? Ou será que o autômato conseguirá se libertar do caos, eliminando o agente humano?

DIGITAL *AUFHEBUNG*

Podemos distinguir três dimensões da Realidade: o existente, o possível e o necessário.

O existente (ou contingente) possui as características do caos. A evolução do existente segue as linhas do possível ou as do necessário. O possível é projeção da vontade e da imaginação. O necessário está implícito na ferocidade da biologia, mas também na força fria da máquina lógica.

O autômato cognitivo nos permite prever o extermínio do contingente por parte do necessário, o que naturalmente implica a anulação do possível, porque não há possibilidade sem a contingência do existente.

O melhor dos mundos possíveis de que fala Leibniz estaria, então, concretizado, graças à eliminação do organismo consciente que resiste à Lógica da Harmonia.

Pai-nosso

> No início, Deus criou o céu e a terra, depois disse: *Fiat lux*, que seja feita a luz. O que resulta disso é que a criação do mundo aconteceu na escuridão. E isso explica tudo.
>
> RICKY GERVAIS

Não existe uma palavra para nomear o ato fundacional da civilização ocidental, que é o sacrifício dos filhos em honra do único verdadeiro Deus, seja o Pai eterno, que está nos céus, a Nação, pela qual se deve matar e morrer, ou o Capital, encarnação numérica da onipotência divina.

Não existe uma palavra para definir o ato fundacional, porque nos escondemos da verdade, ou seja, que há milênios o pai obriga a mulher a se tornar mãe para poder dispor da vida dos pobres filhos que vivem e morrem na floresta de mentiras inventadas pelo pai, com o intuito de aumentar sua riqueza, sua glória, ou simplesmente para defender sua honra.

Como tal palavra não existe, proponho uma: filicídio.

Foi assim que a vida humana foi transmitida na Terra: por meio da procriação, ou seja, da geração de inocentes a serem enviados ao matadouro.

Sei bem que Freud conta uma história completamente diferente: segundo ele, seriam os filhos que querem matar o pai para dormir com a mãe, como fez Édipo, que, porém, não sabia o que estava fazendo.

Os filhos matam os pais no inconsciente, talvez no desejo, e, na melhor das hipóteses, na imaginação. E então nascem as revoltas, e as revoluções que sempre naufragam. Mas, na realidade, o assassino é o pai, que chama do nada um organismo consciente, sabendo muito bem que está destinado a morrer de qualquer maneira. O assassino é o pai que nos obriga a lutar nas guerras que ele mesmo perdeu.

Freud fez essa hipótese do parricídio num século em que os filhos estavam cada vez mais numerosos e inquietos. Românticos ou futuristas, havia muitos filhos que queriam libertar o mundo da marca dos pais, mas, por fim, foram enganados e acabaram morrendo em guerras inúteis, em nome dos ideais ou dos interesses do papai.

À época de Freud, essa historinha do parricídio tinha alguma verossimilhança. No entanto, nos tempos senis em que vivemos atualmente, o pai sabe desde o princípio que o filho está destinado a viver uma vida mais miserável que a sua, sabe que terá menos ar para respirar e menos dinheiro para gastar.

Ainda assim, esse pai infame precisa de filhos para que alguém pague sua aposentadoria, para que alguém proteja seus limites patriarcais e para que alguém seja morto por algum valor sagrado de merda.

A vida que o pai oferece aos filhos não vale a pena ser vivida, e os pais sabem disso.

É verdade que essa vida é pontuada por momentos de prazer, geralmente bastante curtos, momentos que muitas vezes desembocam na procriação, perpetuação da dor, do horror e da infâmia.

No entanto, há algum tempo, tornou-se possível desfrutar dos momentos de alegria sem pagar o preço da procriação.

Dessa forma, tornou-se possível a deserção da história humana. Essa história talvez já tenha acabado em Auschwitz e em Hiroshima, mas, depois de 1945, acreditávamos que uma nova história seria possível, finalmente humana, e prometemos que nunca mais haveria guerra, campos de extermínio, racismo e tortura.

Mas a tortura e o extermínio, como o racismo e a guerra, retornaram com grande força em vários lugares da Terra, e agora, com todas as evidências, qualquer esperança foi apagada em Gaza, onde o retorno do genocídio pelas mãos das vítimas de outro genocídio mostra que já não faz mais sentido continuar.

Não há esperança de que a humanidade possa ser algum dia humana.

A FILHA DE AGAMÊMNON

Que o filicídio fosse o fundamento do vínculo histórico, Lucrécio já havia entendido, sendo inimigo jurado de toda superstição teológica, política e histórica.

No primeiro livro de *De Rerum Natura*, ele escreve:

> Pois, de que modo, em Áulis, o altar da deusa Artemísia
> poluíram com sangue da virgem Ifianassa
> os horrendos chefes dos dânaos, melhores dos homens.
> Pois assim que o tecido bordado adornando os dois lados
> dos cabelos bem-feitos e faces recai igualmente,
> logo que, triste, o seu pai ao lado do altar se coloca,
> isso percebe, e que perto do pai escondem o ferro,
> e que ao vê-la os concidadãos suas lágrimas vertem,
> muda de medo, de joelhos à terra suplica.
> Nem no momento à miserável podia ser útil
> que ela tivesse ao pai de rei chamado primeiro.
> Pois subjugada das mãos dos homens, tremendo, aos
> [altares,
> é arrastada, não a fim de que o sacro costume
> do himeneu pudesse ser conduzido a seu termo,
> mas pra que casta, incastamente, no tempo das núpcias,
> vítima fosse infeliz de sacrifício paterno,
> para que desse destino feliz e fausto às esquadras.
> Pôde a religião persuadir a tais males imensos.[1]

A história de Ifigênia (Iphianassa) é tão conhecida que perdemos seu sentido mais profundo: ela significa que a história dos homens é fundada num crime, no sacrifício violento de uma inocente,

---

1. Lucrécio, *Sobre a natureza das coisas. De Rerum natura*. Tradução, notas e paratextos de Rodrigo Tadeu Gonçalves. Belo Horizonte: Autêntica, 2021, Livro I, vv. 84-101, pp. 59-60.

na violência infligida ao corpo de uma jovem mulher enganada, a quem foi prometido o casamento e que, em vez disso, foi assassinada pelo pai que desejava comandar a guerra e ter glória.

Foi justamente a religião que gerou atos ímpios e criminosos, diz o poeta, e com a palavra *re-ligio* Lucrécio se refere ao que une os homens, fazendo deles uma sociedade, um Estado, uma civilização, mas também um exército.

Homens, neste caso, significa: os pais. Os que têm um filho (ou melhor, uma filha) para sacrificar no altar de sua cumplicidade como heróis, como construtores de civilizações.

O vínculo da civilização (da história) está fundado numa lei patriarcal e assassina, interiorizada de tal forma que transforma a violência em heroísmo, e o engano, em grande política.

Se a história é a ordem do pai e da lei (como agrada a Recalcati),[2] então não há vínculo histórico que não seja liberticida, e que não contenha um pedido, na verdade, uma ordem peremptória: se você quer ser homem, deve participar do rito fundador, que é um rito assassino.

Em *Ifigênia em Áulis*, Eurípides encena a história de um homem que aspira à glória, à conquista e à defesa das fronteiras, como diria o infame energúmeno de Milão com o rosário em mãos. Agamêmnon aspira a defender as mulheres gregas dos predadores estrangeiros, no caso específico, dos troianos. Por isso, prepara-se para a guerra, reúne uma frota, envia Ulisses para recrutar guerreiros, sob ameaça e engano.

Mas para obter o favor dos deuses, para que o vento sopre nas velas dos navios gregos, para que os guerreiros que vieram defender a pátria possam partir em direção à glória da guerra, é necessário o sacrifício de Ifigênia.

Os deuses o exigem.

Eis então que o herói manda chamar sua esposa Clitemnestra para que leve a filha até a orla do mar, onde a frota se reuniu, sem poder partir.

---

2. O autor faz referência ao psicanalista italiano Massimo Recalcati, especialmente ao livro *O complexo de Telêmaco*, publicado em 2013. No Brasil, o livro foi publicado pela editora Âyiné, em 2022, com tradução de Cezar Tridapalli. [N. T.]

E para convencê-la, ele diz que a jovem é aguardada, pois Aquiles deseja se casar com ela.

Por meio desse engano, a vítima sacrificial é convocada, mas logo o engano é desmascarado, e então Ifigênia se desespera: "Maldita seja a guerra e os assuntos de Menelau".

Clitemnestra se rebela e grita:

> Imolarás a tua própria filha. Que preces farás?
> Que graças pedirás, então, para ti mesmo
> na hora de tirar-lhe a vida? [...]
> Tiveste isso em mente; ou te basta ostentar;
> pavoneando-te, as insígnias do poder
> à frente de um exército? [...]
> Também se poderia considerar justo
> que Menelau sacrificasse sua filha,
> a virgem Hermione, para resgatar
> a sua mãe, já que o interessado é ele.
> Serei eu, a esposa mais fiel, então,
> que perderei a minha filha, enquanto Helena,
> a única culpada, verá novamente
> a sua filha no palácio, em Esparta,
> após recuperar toda a ventura antiga?
> Agora fala! É tua vez! Dize-me, rei,
> se não tenho razão; mas, se meus argumentos
> te parecerem justos, deves recuar;
> não sacrifiques Ifigênia, nossa filha,
> mostrando assim que ainda sabes ser sensato![3]

E ainda Ifigênia:

> Ah! Se eu tivesse, pai, todos os dons de Orfeu,
> a eloquência, a magia de seus cantos
> persuasivos, para levar os rochedos
> a me seguirem, encantando corações
> com minhas falas quando tivesse vontade,
> apenas recorrendo a poucos sortilégios!
> Mas nada posso oferecer-te além de lágrimas,
> única arma de que dispõe uma virgem.
> Em vez de ramos que minhas mãos suplicantes

---

3. Eurípides, *Ifigênia em Áulis*; *As fenícias*; *As bacantes*. Tradução, introdução e notas de Mário da Gama Kury. Rio de Janeiro: Jorge Zahar Editor, 2005, p. 79.

> enlaçariam em volta de teus joelhos,
> eu conto apenas com o corpo imaculado
> que minha mãe e tu puseram neste mundo.
> Não me tires a vida antes da hora, pai!
> É doce ver a luz do dia! Não me forces
> a contemplar as profundezas infernais![4]

Porém, como sabemos, os heróis são irremovíveis, como Hitler e Netanyahu.

E então surge o rei que responde que matar uma inocente é, sem dúvida, terrível, mas que é obrigado a agir dessa forma porque os deuses e a pátria assim o querem.

> Sei muito bem o que nos deixa compungidos
> e o que nem sequer nos comove; amo meus filhos
> e seria demente se não os amasse.
> Ousar é um suplício enorme para mim
> mas não ousar me deixa também infeliz.
> Que poderei fazer? É fácil ver daqui
> as naus inumeráveis cheias de soldados,
> a infinidade de guerreiros valorosos
> bem protegidos pelo bronze dos escudos;
> a rota pela qual se pode ir a Tróia
> está fechada para nossa expedição
> se eu não sacrificar nossa filha Ifigênia
> seguindo as instruções de Calcas, o adivinho;
> os gregos não serão capazes de arruinar
> os muros veneráveis da antiga Tróia.
> Depois de longa espera paira finalmente
> um delirante e incontido entusiasmo
> sobre o acampamento de nossos guerreiros;
> eles anseiam por zarpar sem mais delongas
> em direção às praias onde estão os bárbaros
> para pôr fim aos raptos de mulheres gregas;
> se eu não cumprir agora mesmo as ordens de Ártemis
> eles virão matar nossas filhas em Argos
> e eu mesmo e tu e Ifigênia morreremos.
> Não penses que Menelau me domina, filha,
> pois não me inclino diante de seus caprichos;
> é a toda a Grécia que te sacrificarei,

4. *Ibid.*, p. 80.

> quer eu deseje ou não; é um imperativo
> muito mais forte que nossa própria vontade.
> Sim, minha filha, é realmente inevitável,
> independentemente de ti e de mim,
> que nossa pátria seja livre e que os bárbaros
> não venham nunca mais raptar mulheres gregas.[5]

Não parece realmente dar ouvidos ao infame energúmeno que agita o rosário enquanto promete aos italianos que suas fronteiras estarão seguras graças ao afogamento de alguns milhares de desgraçados de pele escura?

Diante do fanatismo irremovível do pai patriota, Ifigênia se rende, subjugando-se aos interesses superiores da gloriosa Grécia, e da guerra, única higiene do mundo. Suas palavras são um manifesto da submissão da mulher à implacável violência da história masculina.

> Ah! Minha mãe tu! Agora vou falar.
> Vejo-te, mãe, inutilmente revoltada
> contra teu esposo insensível. Não é fácil
> ser persistente contra um fato inelutável. [...]
> Tomei neste momento a decisão final
> de me entregar à morte, mas o meu desejo
> é enfrentá-la gloriosa e nobremente,
> sem qualquer manifestação de covardia.
> Pondera, então, comigo, minha mãe querida,
> na fama que me há de trazer esta atitude.
> A Grécia inteira, nossa generosa pátria,
> dirige neste instante os olhos para mim;
> dependem só de mim a viagem da frota
> e a extinção de Tróia, e de mim depende
> eliminar de vez a possibilidade
> de os bárbaros tentarem novas agressões
> contra as mulheres gregas e futuros raptos
> em nossa terra amada, depois de expiarem
> a vergonha de Helena levada por Páris.
> O fruto de meu sacrifício será este:
> propiciando uma vitória à nossa pátria
> conquistarei para mim mesma eterna fama.
> E mais ainda, não é justo que me apegue

---

5. *Ibid.*, pp. 81-82.

> demasiadamente à vida, minha mãe;
> deste-me à luz um dia para toda a Grécia,
> e não somente para ti. Pensa comigo:
> muitos milhares de soldados protegidos
> por seus escudos, outros, também numerosos,
> empunhando seus remos, terão de arriscar-se
> a lutar e morrer pela terra natal
> porque ela foi insultada, e minha vida,
> a existência de uma única mulher,
> poderá ser um óbice a tanto heroísmo?
> Isto seria justo? De que subterfúgios
> nos valeríamos? Perguntarei ainda:
> este guerreiro – Aquiles – terá de lutar
> contra o exército dos gregos e arriscar-se
> por uma só mulher – por mim –, pois a existência
> de um homem só tem certamente mais valor
> que a de muitas mulheres juntas?[6]

Ifigênia se curvou, por desespero, à lógica patriarcal, e por fim passou a compartilhar seus ideais, como acontece com muitas mulheres que abraçam as falsas infâmias que os homens chamam de *valores da civilização*.

> [...] E se Ártemis
> quer receber meu corpo em santo sacrifício,
> resistirei à deusa, eu, simples mortal?
> De modo algum! Darei a minha vida à Grécia!
> Matem-me para que desapareça Tróia!
> Meu sacrifício me trará renome eterno
> como se fosse minhas núpcias e meus filhos
> e minha glória! Os gregos mandarão
> nos bárbaros, e não os bárbaros nos gregos,
> já que eles todos são de uma raça de escravos
> enquanto nós nos orgulhamos de ser livres![7]

Parece que estamos ouvindo uma das seguidoras de Donald Trump defendendo a terra da liberdade. Vítimas que aceitam seu destino, desde que possam matar os inimigos da pátria.

---

6. *Ibid.*, pp. 90-91.
7. *Ibid.*, p. 91.

OS FILHOS DE ABRAÃO

A tradição homérica nos entregou a figura heroica do grego civilizador que também é pai filicida.

Desde então, o filicídio se tornou prática comum entre todos os povos guerreiros.

O pai sacrifica o filho por sua própria honra e pela grandeza da pátria.

Ele o imola no altar de Deus, ou o obriga a lutar nas trincheiras nas quais a pátria (a casa do papai) é defendida.

Por sua parte, a história judaica nos transmitiu o mito da implacável divindade que gosta de se definir como Senhor dos exércitos.

O Deus do Antigo Testamento é, sem dúvida, o Deus do terror e da vingança, e encontra na figura repulsiva de Abraão o fundador do patriarcado como modelo universal.

A palavra Abraão deriva da raiz semítica *ab* e significa, mais ou menos, "pai", ou mais precisamente "pai amado". Duvido que Abraão merecesse ser amado como pai. Na verdade, penso decididamente que era um canalha.

Conhecemos bem a história de Isaac, mas conhecemos menos a de Ismael.

Portanto, sigamos em ordem cronológica e comecemos com o filho escondido, o rejeitado: o filho da serva, enfim.

Sara, esposa de Abraão, não consegue lhe dar um filho. Então, pede à serva Agar (de pele um pouco mais escura que a sua) que se deite com o marido para que possa lhe dar o filho desejado.

AGAR E ISMAEL

Sarai, esposa de Abrão,[8] não lhe havia dado filhos. No entanto, tendo uma escrava egípcia chamada Agar, Sarai disse a Abrão: "Eis que o Senhor me impediu de ter filhos; une-te à minha escrava; talvez eu possa ter filhos dela". Abrão ouviu a voz de Sarai. Assim, ao fim de dez anos

---

8. Apenas no capítulo 17 do Gênesis, Deus altera o nome de Abrão para Abraão e de Sarai para Sara para marcar a aliança que estabelece com eles. [N. E.]

em que Abrão habitava na terra de Canaã, Sarai, esposa de Abrão, tomou Agar, a egípcia, sua escrava, e a deu como esposa a Abrão, seu marido. Ele se uniu a Agar, que engravidou. Mas, quando ela percebeu que estava grávida, sua senhora nada contou para ela. Então Sarai disse a Abrão: "Que a ofensa feita a mim recaia sobre ti! Eu te dei minha escrava, mas desde que ela percebeu que estava grávida, eu já não sou mais nada para ela. Que o Senhor seja juiz entre mim e ti!". Abrão disse a Sarai: "Aqui está tua escrava, em tuas mãos: faça com ela o que quiseres". Então, Sarai a maltratou tanto que ela fugiu. O anjo do Senhor a encontrou junto a uma fonte de água no deserto, na fonte que fica no caminho de Sur, e lhe disse: "Agar, escrava de Sarai, de onde vens e para onde vais?". Ela respondeu: "Fugindo da minha senhora Sarai". O anjo do Senhor lhe disse: "Volta à tua senhora e sujeita-te a ela". O anjo do Senhor também lhe disse: "Multiplicarei tua descendência de tal forma que não poderá ser contada devido ao seu grande número". O anjo do Senhor ainda lhe disse: "Eis que estás grávida: darás à luz um filho e o chamarás Ismael, porque o Senhor ouviu tua aflição. Ele será como um burro selvagem; sua mão será contra todos e a mão de todos será contra ele, e ele habitará diante de todos os seus irmãos". [...] Agar deu à luz um filho a Abrão, e Abrão chamou de Ismael o filho que Agar lhe dera.[9]

Ismael, o filho de Agar, não tem uma vida fácil: Sara se irrita porque a serva a trata com arrogância. Enquanto isso, Sara conseguiu (milagre divino) dar um filho a Abraão, e Ismael toma a liberdade de brincar e zombar dele.

Talvez por isso, Sara expulsa Agar e o filho Ismael, para que morram no deserto. O Deus misericordioso (podemos chamá-lo de Alá, se quisermos) salva mãe e filho, anunciando que Ismael terá uma descendência numerosa, mas também anuncia que ele será como um burro selvagem, hostil a todos, assim como todos serão hostis a ele. Dessa forma, está traçado o destino do povo de Ismael, que desde sua origem é destinado a ser rejeitado e rebelde.

Desafortunado, infeliz e rancoroso.

A história dos árabes, antes e depois da vinda de Maomé, parece resumida na história bíblica: os filhos da serva não

---

9. Gênesis 16, 11:15.

podiam senão ter um destino de oprimidos e humilhados. O extermínio dos filhos marginalizados pelos filhos favorecidos é inteiramente consistente com a arrogância bíblica.

A história política dos povos árabes no último milénio é, sobretudo, uma história infeliz. Em *As Cruzadas vistas pelos árabes*, Amin Mallouf demonstra que a causa primária das vitórias dos cruzados é a divisão entre os vários potentados muçulmanos: os árabes são sistematicamente derrotados, subjugados, saqueados e humilhados pelos cristãos, simplesmente porque perseguem seus interesses pessoais, ao custo de trair seus correligionários.

É exatamente o que está acontecendo hoje, é a história que temos testemunhado década após década, desde que os anglo-americanos estabeleceram seu posto avançado sionista na Palestina, com o objetivo de garantir o domínio militar sobre a região da qual se origina o petróleo usado em seus malditos automóveis.

Por essa razão, os palestinos foram repetidamente violados pelos colonos israelenses, expulsos de suas casas, deportados e massacrados, enquanto os sauditas faziam negócios de ouro com os petroleiros amigos dos sionistas, e os ditadores egípcios se prostravam diante dos norte-americanos em troca de armas, para manter seu povo sob controle.

Só uma profunda infelicidade, só um profundo desprezo de si pode explicar o comportamento dos árabes desde o colapso do Império Otomano.

Não me convence a tese de Samir Kassir, que em *Considérations sur le malheur arabe*[10] atribui a infelicidade à sujeição política e à rejeição rancorosa da modernidade. Parece-me que as coisas estejam ao contrário: só um povo infeliz, sufocado pelo autodesprezo, pode se comportar de forma tão vil, curvando-se para beijar a mão de seus opressores.

Samir Kassir atribui essa infelicidade à recusa de acesso pleno à modernidade ou ao fracasso da tentativa de ocidentalização.

---

10. Ver edição italiana: Samire Kassir, *L'infelicità araba*, trad. Paola Lagossi. Turim: Einaudi, 2006.

Por quê? Talvez a ocidentalização tivesse deixado os árabes felizes?

Diria que a infelicidade árabe é, antes de tudo, a infelicidade das mulheres árabes: a condição das mulheres, que acompanha grande parte (não toda) da história dos países muçulmanos na era moderna, envenena a vida cotidiana.

Mas em termos psicanalíticos diria que a infelicidade é consequência da rejeição da qual o filho ilegítimo foi vítima.

O Alcorão não fala da mãe de Ismael. O nome de Agar não é pronunciado: nenhuma palavra para a mãe serva. Ela tinha que ser esquecida.

Em vez disso, Flávio Josefo, historiador judeu do I século d. C., fala de Agar.

Em sua paráfrase de Gênesis 16, Josefo dá a entender que Agar havia se tornado insolente e arrogante. Depois de ter tido um filho com Abraão, assumiu ares de rainha. Por essa razão, sua esposa legítima a expulsou, de fato, de casa e a mandou para o deserto no qual teria morrido, se o Deus misericordioso não tivesse intercedido. Ainda na Bíblia:

> Mas Sara viu que o filho de Agar, a egípcia, aquele que ela havia dado à luz a Abraão, brincava com o filho Isaque. Então disse a Abraão: "Expulsai esta escrava e seu filho, porque o filho dessa escrava não será herdeiro com meu filho Isaque". Isso desagradou muito a Abraão, por causa de seu filho. Mas Deus disse a Abraão: "Não te aflijas por causa do rapaz e da tua escrava: ouve o que Sara te diz, ouve a sua voz, porque por meio de Isaque será chamada a tua descendência. Mas farei também do filho da escrava uma grande nação, porque ele é tua descendência". Abraão levantou-se de manhã cedo, tomou pão e um odre d'água e os deu a Agar, carregando-os sobre os seus ombros; entregou-lhe o menino e a mandou embora. Ela partiu e se perdeu pelo deserto de Berseba. Toda a água do odre havia acabado. Então ela colocou o menino debaixo de um arbusto e foi sentar-se diante dele, a uma distância de um tiro de arco, pois dizia: "Não quero ver o menino morrer!". Quando ela se sentou diante dele, ele levantou a voz e chorou.[11]

---

11. Gênesis 21, 9:16.

Nestas últimas linhas, parece que estamos lendo uma crônica sobre Gaza, na qual os israelenses bombardearam os reservatórios d'água para causar sede, além da fome e das bombas, às crianças descendentes de Ismael.

Mas voltemos ao Gênesis.

Abraão, portanto, consegue engravidar Sara, que anteriormente acreditava que não era capaz de lhe dar um filho. O filho em questão, como vocês se lembram, chama-se Isaque. E também se lembram de como tudo isso termina. Isaque, como Ifigênia, deve ser sacrificado pela glória do papai.

ISAQUE

> Depois de tudo, Deus pôs à prova Abraão e lhe disse: "Abraão, Abraão!". Ele respondeu: "Eis-me aqui!". Deus disse: "Toma o teu filho, o teu único filho, a quem amas, Isaque, vai à terra de Moria e oferece-o em holocausto sobre um monte que eu te mostrarei". Abraão levantou-se de manhã cedo, selou o jumento, tomou consigo dois servos e o filho Isaque, cortou lenha para o holocausto e partiu para o lugar que Deus lhe havia indicado. No terceiro dia, Abraão levantou os olhos e, de longe, viu o lugar. Então disse aos seus servos: "Fiquem aqui com o jumento; eu e o rapaz iremos até lá, nos prostraremos e depois voltaremos para vocês". Abraão tomou a lenha do holocausto e a colocou sobre o filho Isaque, pegou o fogo e a faca, e ambos seguiram juntos. Isaque se dirigiu ao seu pai Abraão e disse: "Pai meu!". Ele respondeu: "Eis-me aqui, filho meu". Isaque perguntou: "Aqui está o fogo e a lenha, mas onde está o cordeiro para o holocausto?". Abraão respondeu: "Deus proverá o cordeiro para o holocausto, filho meu!". E ambos continuaram juntos. Chegaram, então, ao lugar que Deus lhe havia indicado; Abraão construiu um altar, pôs a lenha sobre ele, amarrou o filho Isaque e o colocou sobre o altar, em cima da lenha. Abraão estendeu a mão e pegou a faca para sacrificar seu filho.[12]

Também neste caso, como no caso de Ifigênia, Deus faz um truque de mágica, e, no lugar de Isaque, faz aparecer um bezerro

---

12. Gênesis 22, 1:10.

ou algum outro animal, não sei bem qual. Ifigênia foi substituída por uma cerva, já em outra tragédia de Eurípides, a encontramos em Taurida,[13] realizando sacrifícios humanos.

Mas o que me interessa não é o destino dos filhos, mas a figura desses dois pais, Agamêmnon e Abraão.

Kierkegaard, precisamente, em *Temor e tremor*, se pergunta se a vontade de Deus suspende o julgamento ético sobre esses dois pais tão horríveis: há uma suspensão teleológica da ética? Pode Abraão ser considerado *bom* por ter obedecido a Deus, quando eticamente é apenas um assassino?[14]

Independentemente de como Kierkegaard desenvolva suas reflexões, a verdade é a seguinte: Abraão é um assassino.

Kierkegaard sustenta que a fé precede a ética, por isso, diante da palavra de Deus, não temos o direito de protestar.

Porém, não engulo isso, talvez pelo simples fato de que não creio, e isso talvez faça a diferença, porque, em vez de acreditar, prefiro pensar.

IESUS E O DELÍRIO TEOLÓGICO DE MARCIÃO

E os cristãos? Não têm eles também um filho a ser sacrificado, como os judeus e os gregos?

Claro que têm, e ele, da mesma forma, tem um nome que começa com a letra *i*: Iesus foi enviado à terra por seu pai para ser torturado e crucificado, e tudo em nome da glória de seu pai.

Quando, num momento de fraqueza muito humana, Iesus grita para o céu: "Afasta de mim este cálice", o pai o ignora solenemente, assim como Zelensky e Putin certamente não estão ouvindo a dor dos soldados enviados para morrer nas trincheiras.

---

13. Região histórica da península da Crimeia, no mar Negro, chamada *Taurida*. Era habitada pelos tártaros da Crimeia e foi uma parte importante da história da Rússia e do Império Otomano. [N. T.]
14. Ver Søren Kierkegaard, *Timore e tremore*, trad. Franco Fortini. Milão: Mondadori, 2016. No Brasil, o livro foi publicado pela editora Nova Fronteira, em 2012, com tradução de Torrieri Guimarães. [N. T.]

Embora eu não seja teólogo, nem mesmo cristão (exceto num sentido muito pouco teológico), quis entender quem era esse Iesus. Então fui ler Marcião.

Na verdade, não consegui ler Marcião, porque suas obras foram queimadas quando foi sentenciado como herege, talvez o mais perigoso de todos os tempos. No entanto, como numerosos teólogos dos séculos II e III se comprometeram a demonstrar que Marcião tinha que ser apagado, então, para refutar suas teses, Tertuliano, Eusébio, Irineu e vários outros tiveram que citar fielmente as passagens de suas obras. Desse modo, hoje somos capazes de compreender em que consistia sua heresia.

Entre 155 e 168 d. C., o tal Marcião, originário de Sinope, viveu em Roma e adquiriu uma posição importante na cena cristã da cidade eterna, reunindo ao seu redor um grande número de seguidores antes de ser denunciado e forçado a voltar para sua terra natal.

Mas, afinal, o que diz Marcião? Para sabermos alguma coisa a respeito dele, devemos ler alguns livros publicados sobre ele. O primeiro e, para mim, principal texto de referência é *Marcião*, de Adolf von Harnack,[15] teólogo alemão que viveu entre os séculos XIX e XX.

Além desse livro, recomendo a leitura de *Marcião: como se fabrica um herege*, de Judith M. Leung.[16]

Também há um livro publicado pela Einaudi intitulado *O Evangelho de Marcião*, com uma introdução de Claudio Gianotto e uma nota de Andrea Nicolotti,[17] que podem ajudar o leitor curioso a se orientar no labirinto marcioniano.

A principal intuição de Marcião é devastadora: "O Cristo que havia sido profetizado era o Cristo do Deus Criador, mas o que havia sido proclamado por Marcião não tinha nada a ver com o criador", escreve Judith M. Leung em seu livro.[18]

---

15. Adolf von Harnack, *Marcione*, trad. Federico dal Bo. Bolonha: Marietti, 2007.
16. Judith M. Leung, *Marcione. Come si fabbrica un eretico*, trad. Maria Dell'Isola. Turim: Paideia, 2020.
17. Claudio Gianotto e Andrea Nicolotti (a cura di), *Il vangelo di Marcione*. Turim: Einaudi, 2018.
18. Judith M. Leung, *Marcione. Come si fabbrica un eretico*, op. cit., pp. 92–93.

Cristo não é filho do deus maligno. Pelo contrário, veio à terra para nos salvar e nos proteger dos erros do Criador.

Em suma, o Deus mencionado no Gênesis e no Livro de Jó é a causa de todo o mal. O Deus Criador é quem concebeu a sucessão de vinganças que costumamos chamar de história.

A redenção é a emancipação da Lei da história.

Para começar, a pergunta que Marcião se faz é a seguinte: de quem e de que veio Jesus para nos libertar? A resposta só pode ser: veio para nos libertar da Lei histórica, veio para nos salvar do Deus Criador, que é maligno porque criou um mundo de sofrimento e de morte.

Como podemos negar que seu raciocínio faz todo o sentido?

O cristianismo de Marcião, continuação do de Paulo, é uma revolta contra o fantasma do pai, cujas ações estão sujeitas a um julgamento implacável.

O motivo da dupla paternidade permite que Marcião renasça como um homem livre, nenhuma nova aliança é possível com o antigo Deus, o fantasma do verdadeiro pai; a aliança só é possível se for estabelecida com um novo Deus.

No entanto, o ato mais abominável não é a criação do mundo, mas sim a criação do homem, moldado pelo demiurgo à sua imagem, mas feito de uma substância perecível, cuja carne é cheia de excrementos que o torna escravo da procriação. Esta não tem justificativa, tanto praticada livremente como no interior do negócio vergonhoso que é o casamento.

"Marcião [...] leva a cabo a religião da interioridade até suas últimas consequências."[19]

É claro que a heresia de Marcião radicaliza a principal inovação de Paulo: o Cristianismo não é uma continuação do Judaísmo, mas sim uma nova visão, que não é privilégio exclusivo de uma tribo, de um povo eleito ou de uma etnia, mas patrimônio de qualquer um que queira conhecer a Redenção.

---

19. Adolf von Harnack, *Marcione*, op. cit., p. 13.

O conceito cristão de Deus deveria ser determinado exclusivamente pela Redenção por meio de Cristo. Consequentemente, Deus não poderia ser outra coisa senão o Bem, no sentido do amor misericordioso e redentor. Todo o resto deve ser excluído. Deus não é o Criador, o Legislador e nem o Juiz, Ele não alimenta ira e não pune, mas é exclusivamente o amor encarnado redentor e beatificante.[20]

O Deus redentor, que é o verdadeiro Deus, só pode ser compreendido como o absoluto estrangeiro. Consequentemente, a realidade hostil da qual Cristo nos liberta não pode ser outra senão o próprio mundo e seu Criador.[21]

Cristo é, portanto, filho de um Deus estrangeiro e veio redimir os pecadores da prisão de seu Pai e Senhor, o Criador do mundo.

"A fé em Cristo aboliu a Lei, recair na servidão da Lei significa abdicar da nova lei do Evangelho", escreveu Paulo na Carta aos Gálatas (2, 19), acrescentando: "o batismo apaga toda distinção de raça e de sexo, quebra as barreiras sociais, pois cada indivíduo, sem qualquer discriminação, é promovido à filiação divina".

É claro que Paulo, com essas palavras, pretende se distanciar do Antigo Testamento por seu vínculo exclusivo com a linhagem judaica, e assim deseja abrir caminho para o universalismo cristão.

Coerentemente com a negação da Criação, ato que gera o mal, o pecado e a dor, Marcião "proibia seus fiéis de se casarem, de terem relações sexuais, e, portanto, só batizava e admitia à eucaristia aos catecúmenos que faziam voto de celibato e que buscavam uma separação constante. [...] Não se podia permitir ampliar o domínio do mundo, mas sim limitá-lo, tanto quanto possível ao homem. [...] A renúncia absoluta à sexualidade não era para Marcião um protesto contra a matéria e a carne, mas, sim, um protesto contra o Deus do mundo e da Lei".[22]

Em nosso século, parece que o deus maligno decidiu colocar em ação todas suas vinganças.

---

20. *Ibid.*, p. 29.
21. *Ibid.*, p. 32.
22. *Ibid.*, pp. 237-38.

No entanto, em algum lugar, há um deus desertor que chama (quem pode, quem quer) para desertar da procriação e pôr fim à história.

Esses dois deuses (de origem maniqueísta, pois provavelmente Marcião foi influenciado pelo pensamento de Zaratustra) estão nos propondo dois cenários diferentes para a solução final.

O deus maligno propõe a solução final que vemos sendo praticada em Gaza, na Ucrânia, em Khartum, nas águas do Mar Mediterrâneo e em muitos outros lugares do mundo.

O deus Estrangeiro propõe uma solução final de tipo mais pacífico e, no fundo, muito razoável: interromper a criação, já que podemos fazê-lo.

COISAS QUE SOFREM

Mas nem sempre podemos.

Pensem, por exemplo, em Bella Baxter, no recente filme *Poor Things*, de Yorgos Lanthimos. (Na versão italiana, o título se torna *Povere creature*, o que não transmite a radicalidade do título original.)

Depois de se jogar da ponte, Bella queria que a deixassem em paz no silêncio eterno. Ela se jogou da ponte porque não suportava a ideia de ter sido forçada pelo horrível marido militar a carregar um filho dele no corpo. Mas chega o dr. Godwill Baxter, pega seu corpo, retira o feto, extrai o cérebro do cadáver e o coloca no corpo de Bella.

O cientista, que não por acaso se chama Godwill, vontade divina, a obriga a voltar ao mundo para que se torne sua filha, permitindo que ele realize seu delírio transumanista.

O que somos, todos nós, quando chamados a sair do confortável nada em que repousávamos desde tempos imemoráveis?

Somos coisas, é claro, mas sendo um pouco mais preciso: somos agregados de substâncias heterogêneas, atravessados por dispositivos técnicos e fluxos semióticos.

O problema é que somos compostos sensíveis. Pobres coisas conscientes. Somos coisas, mas não inertes, não insensíveis, mas sim atormentáveis e atormentadas, porque nosso sistema nervoso é sensível, sente prazer, sofre e morre.

Ao longo da evolução, esses agregados sensíveis de matéria química e elétrica que somos adquiriram a capacidade de obter prazer das matérias lamacentas que compõem nosso corpo. Tornamo-nos coisas que desejam, e vivemos essa espécie de euforia autoperceptiva que é a cultura, a vida espiritual e todas as outras coisas bonitas.

Mas, na maior parte das vezes, vivemos num inferno de miséria, de trabalho escravo e salário de merda, de violência, tortura, humilhação e guerra, de doença e morte.

Somos coisas, artefatos intensivos compostos de carne, nervos e neurônios – mas coisas sencientes. E o que há para sentir, quase sempre, é repugnante.

Pobres coisas. Pobres coisas que sofrem.

O princípio da intensidade permite distinguir organismo de artefato: o organismo consciente é uma coisa capaz de autorreflexão e de sensibilidade.

Jornalistas e cientistas discutem sobre os perigos da aplicação sem controle da tecnologia, e, em particular, da inteligência artificial. Falam sobre a necessidade de uma regulação ética dessa inteligência. Mas sabemos que é tudo conversa fiada.

Os primeiros a usar essas tecnologias sabemos quem são: os militares, os que constroem artefatos para matar. Há alguém que acredite na regulação ética das armas inteligentes? Há alguém que acredite que os generais da IDF (Forças de Defesa de Israel) são contidos por preocupações éticas, quando colocam uma bomba no pequeno telefone que vai acabar nas mãos de uma criança? Ou quando bombardeiam um hospital com drones guiados para um genocídio inteligente?

Vocês acreditam que há alguma possibilidade de suspender as pesquisas no caso de descobrirmos (como estamos descobrindo) que as tecnologias inteligentes são, antes, tecnologias para o extermínio?

O tempo é essencial na competição militar (como em qualquer outra competição, naturalmente).

A função assassina da inteligência é prioridade absoluta para o Exército israelense, assim como para o russo, chinês, americano e assim por diante.

Para todos os humanos, matar é urgente, e é urgente usar a inteligência para fazer o que precisa ser feito.

Por isso, os discursos sobre a regulação ética são bobagens.

As tecnologias inteligentes se desenvolvem exatamente porque são perigosas, então para o que mais, senão?

A função geral da entidade inteligente inorgânica é introduzir ordem no organismo caótico.

Se o autômato tem uma missão, esta é: impor ordem. E há um fator de caos em seu caminho: o organismo vivo, irredutível a uma ordem numérica.

Por isso o autômato não terá completado sua missão até que sua ordem algorítmica seja limitada pela persistência obstinada do fator caótico.

A tecnologia inteligente oferece uma nova oportunidade: o autômato finalmente está em condições de eliminar o fator caótico da única maneira possível: exterminar a sociedade humana.

Esta é a solução final de Netanyahu, mas também é preciso considerar a solução final, mais suave, menos violenta, que foi sugerida por Marcião.

INTELIGÊNCIA NATURAL

Em 2022, com 0,78%, a Coreia do Sul teve a taxa de fertilidade mais baixa do mundo, e espera-se que a taxa caia ainda mais, em 2025, para 0,65%.

Em todo o Hemisfério Norte (e logo também no Hemisfério Sul, preveem os demógrafos), a taxa de natalidade caiu muito abaixo do limiar necessário para que a população não decresça.

A queda da natalidade e o aumento da expectativa de vida resultaram no envelhecimento da população. A taxa de natalidade não pode subir novamente porque um terço da população é composta por idosos, além disso, porque a fertilidade masculina foi reduzida pela metade devido aos microplásticos, e, finalmente, porque a conexão digital tende a substituir a união dos corpos sexuados.

O último fator de antinatalidade, talvez o mais importante, é a recusa consciente e inconsciente de gerar as vítimas do inferno de terror e miséria que promete ser o futuro deste planeta.

Um grupo feminista coreano chamado 4B tem um programa: "Sem encontros, sem sexo, sem casamento, sem filhos."

A inteligência natural das mulheres, a imaginação e a vontade de nosso tempo estão se orientando para uma pacífica autodestruição, deserdando a procriação.

NOTA NATALÍCIA

No dia de Natal, de 2024, enquanto corrigia a última versão deste livro, e no mundo se celebrava (ou melhor, podemos dizer, não vejo muita festividade à volta) o nascimento de Jesus numa tenda gelada perto de Khan Yunis, ao Sul de Gaza, morria de frio uma menina chamada Sila, envolta num sudário branco. Sila havia nascido três semanas antes. Após a enésima noite sob uma tenda, aquecida apenas pelos corpos dos pais, "pela manhã", contou o pai Mahmoud al-Faseeh, "ela estava sem sentidos, como um pedaço de madeira", com os lábios roxos.

Não é a primeira e não será a última criança que morrerá pelas mãos dos sionistas, para os quais a morte das crianças palestinas parece ser uma condição necessária para vencer essa guerra extremamente imunda.

Um dos médicos sobreviventes ao extermínio informou que em seu hospital "uma menina de três dias e outra com menos de um mês morreram após a queda significativa das temperaturas".

É indiscutível que os culpados por esses infanticídios são os israelenses, e, no entanto, não consigo entender como o pai e a mãe de Sila decidiram trazê-la ao mundo enquanto Gaza se transformava numa reprodução minuciosa do campo de extermínio de Auschwitz Birkenau.

Sei muito bem que não tenho o direito de julgar o casal palestino, e não pretendo atenuar a culpa revoltante dos assassinos que apoiam Benjamin Netanyahu.

Porém, não consigo entender como alguém tem coragem de trazer ao mundo um inocente destinado ao frio e ao medo.

Mas o fato de não entender a questão é apenas um problema meu.

O que eu entendo bem, por outro lado, é que um número crescente de mulheres parece ter tomado a decisão, consciente ou inconscientemente, de não gerar as vítimas do inferno climático, geopolítico e social em que se transformou o que antes era um planeta bastante hospitaleiro.

Ousaria dizer que a suspensão da procriação é a única esperança para evitar um futuro de tormento e horror.

Término
Notas a Lucrécio

Esperei completar 75 anos para ler Lucrécio.

Das poucas leituras feitas no ensino secundário, intuí que o livro de Lucrécio é um livro para ler no fim da vida. Portanto, agora li *De Rerum Natura* como se fosse um comentário sobre o término da história humana, que me parece se delinear no horizonte do século XXI.

O apocalipse de Lucrécio é o título de um livro de Ivano Dionigi que atualiza a mensagem do poeta.[1]

Enquanto lia Dionigi, encontrei uma chave que talvez não seja a mais ortodoxa, mas que me parece a mais atual para uma leitura do texto lucreciano: *De Rerum Natura* contém em si o cosmo, o nada e a mente, de forma inseparável, intrincada.

O cosmo é recombinação infinita de elementos indestrutíveis e eternos: nesse interminável devir outra coisa, não é possível em nenhum lugar encontrar o nada.

Somente tornando-se mente, o cosmo pode se tornar nada, somente se incorporando, por assim dizer, numa mente singular, que é a mente indissociável de um corpo, ou seja, mente mortal.

Como, de outra forma, poderia o nada existir?

O nada não existe, não está em nenhum lugar, então por que falamos dele?

Falamos dele porque é nossa maior contribuição ao universo.

A consciência e o nada, eis o quanto de original oferecemos à evolução (ou o quanto a evolução nos ofereceu).

---

1. Ver Ivano Dionigi, *L'apocalisse di Lucrezio*. Milão: Raffaello Cortina, 2023.

A consciência é uma atividade projetiva da mente, atividade que torna possível a partilha de um mundo por meio da tecelagem interminável do sentido desse mundo.

Mas, por outro lado, somente a consciência de uma mente singular, visto que é singular a experiência, pode gerar o nada do qual nada podemos dizer, exceto que é o efeito da impermanência da mente.

Não a contemplação da impermanência, mas o acontecimento do enfraquecimento da mente impermanente abre as portas para o nada. Enquanto contemplamos a impermanência, somos agentes de uma projeção que não se suspende, mas continua a se desenrolar, mesmo à espera do ato final de se tornar nada.

A mente consciente de si mesma projeta um mundo que é o mundo desse si, no entrelaçamento com os inúmeros mundos projetados por outras mentes singulares, e somente a dissolução da mente torna possível o apagamento da máquina conectiva e conjuntiva que projeta o mundo e se entrelaça na história.

A história é desmascarada por Lucrécio.

Escreve Ivano Dionigi: "Lucrécio insiste em demonstrar não apenas a maldade, mas também, e sobretudo, a impossibilidade da política e do poder, de qualquer política e qualquer poder. Pura ilusão".[2]

Todas as grandes retóricas do poder não podem nada contra o desencadeamento da peste. Leiamos a última página do poema: a peste se espalhou pela cidade de Atenas.

> Todos sacrários dos deuses a morte enchera de corpos
> inanimados, por todos os cantos os templos celestes
> permaneceram repletos de cadáveres podres,
> pois ali os guardas levaram os refugiados.
> Nem a religião dos deuses, nem numes potentes
> ora importavam: a dor do momento era muito mais forte.
> Já não havia mais o costume do enterro dos mortos
> nessa urbe onde antes o povo sempre o fizera;[3]

---

2. *Ibid.*, p. 93.
3. Lucrécio, *Sobre a natureza das coisas. De Rerum Natura*, op. cit., Livro VI, vv. 1272-79, p. 470.

Começo a ler o livro pelo final porque me aproxima mais de meu presente, agora que a peste se espalha, senhora do século XXI. Tais páginas poderiam também descrever a peste que atingiu Gaza e que se chama sionismo.

> Calamidade e dor os levaram a coisas horríveis. Desesperados, gritando, lançavam seus consanguíneos sobre piras funéreas que foram feitas para outros e as queimavam com tochas, em meio a banhos de sangue, preferindo a luta em vez do abandono dos corpos.[4]

Quando a peste se desencadeia (seja a peste psíquica, a peste bubônica ou as outras múltiplas crostas pestilentas), a vontade não pode fazer nada, nada pode a política, que Lucrécio chama de religião.

A religião (o que une entre si as ações humanas) não tem mais a força de integrar o corpo social que se desfaz.

Lucrécio não fala da história senão para compreender a dor do mundo, como quando conta sobre Ifigênia sacrificada pelos sonhos de glória e vingança do pai e dos outros heróis.

A dor, por outro lado, é a maneira sensível como percebemos a ferocidade da história, que perturba o mundo no qual vivem homens e animais.

> Naturalmente o medo domina todos os homens, pois muitas coisas vê-se que ocorrem no céu e na terra cujas causas não podem ver de maneira nenhuma, pensam assim que acontecem por nume divino potente.[5]

Mas a causa da dor é incompreensível, porque, no fundo, a história causa a dor, mas não a explica. E quem não pode conhecer a causa da dor não pode fazer nada para curá-la, e vaga solitário, perdido como a vaca que perdeu seu bezerro.

> Pois, quando diante de templo esculpido divino um vitelo em sacrifício caído defronte ao altar queima-incenso cálido rio de sangue expira vazando do peito,

---

4. *Ibid.*, Livro VI, vv. 1282-86, pp. 470-71.
5. *Ibid.*, Livro I, vv. 151-54, p. 61.

> peregrinando nos bosques virentes, a mãe perturbada
> busca no solo os vestígios premidos dos cascos bissulcos,
> tudo varrendo com os olhos, buscando os locais
>   [porventura
> onde avistasse o filhote perdido, até que, cansada,
> para e preenche os bosques frondíferos com seus lamentos,
> revisitando amiúde o estábulo em grande saudade.
> Nem os tenros salgueiros ou relva tomada de orvalho,
> nem familiares fluxos dos rios rolando nas margens
> podem trazer alento ao ânimo e alívio pras dores,[6]

Os estoicos haviam dito que a cura para a dor do mundo é o devir nada.

O estoico não aceita a humilhação histórica porque conhece o caminho que nos torna inatingíveis pela história e pela dor.

Mas Lucrécio vai mais fundo.

Em companhia de Epicuro, fala do nada como experiência consciente, ou melhor, como a consciência que vivencia seu devir nada: o nada como o objeto da experiência mais perturbadora.

> Veja, também, como as eras passadas do tempo infindável
> de antes de nós foram nada – de antes de termos nascido,
> essas também a natura nos mostra tal como um espelho
> que nos revela o tempo vindouro depois de morrermos.
> Mas o que tem de horrível nisso, o que de tão triste,
> não é mais calmo morrer do que todo tipo de sono?[7]

O contrário do nada não é o Ser, mas o existir, a experiência do Ser-aí.

O ex-istente, saindo de si, projeta o mundo.

Quando a projeção termina, quando a mente se dissolve e perde sua potência de projetar, então vivencia o apagamento do mundo, e finalmente voltamos à condição em que estávamos por milhões de anos antes do momento da criação.

---

6. *Ibid.*, Livro II, vv. 352-65, p. 137.
7. *Ibid.*, Livro III, vv. 972-77, p. 224.

Sobre o tradutor Davi Pessoa é professor do Instituto de Letras (ILE) e do Programa de Pós-Graduação em Letras da UERJ, bem como professor colaborador do Programa de Pós-Graduação em Memória Social (UniRio). É pró-cientista da UERJ, com pesquisa sobre Pier Paolo Pasolini. Autor de *Terceira margem: testemunha, Tradução* (2008), *Dante: poeta de toda a vida*, com Maria Pace Chiavari (2015), *Pasolini: retratações* (2019), com Manoel Ricardo de Lima, e *Anacronismos: ensaios de arte, literatura e filosofia de exceção* (2025). Atua também como tradutor, tendo já traduzido livros de Giorgio Agamben, Pier Paolo Pasolini, Donatella Di Cesare, Roberto Esposito, Furio Jesi, Elsa Morante, Italo Svevo, entre outros.

n-1

O livro como imagem do mundo é de toda maneira uma ideia insípida. Na verdade não basta dizer Viva o múltiplo, grito de resto difícil de emitir. Nenhuma habilidade tipográfica, lexical ou mesmo sintática será suficiente para fazê-lo ouvir. É preciso fazer o múltiplo, não acrescentando sempre uma dimensão superior, mas, ao contrário, da maneira mais simples, com força de sobriedade, no nível das dimensões de que se dispõe, sempre n-1 (é somente assim que o uno faz parte do múltiplo, estando sempre subtraído dele). Subtrair o único da multiplicidade a ser constituída; escrever a n-1.

Gilles Deleuze e Félix Guattari

n-1edicoes.org

v. 3e3c083

de emergência por parte do gênero humano que viaja nesse vagão".[8] Em um momento no qual ficam cada vez mais claras as relações orgânicas entre últimos anteparos da civilização ocidental e extermínio, últimos anteparos da democracia e catástrofe, vale a pena lembrar como os verdadeiros gestos revolucionários são esses que decidem puxar o freio de emergência.

Por isso, gostaria de terminar essa aula inaugural apelando a essa língua falada pelos habitantes de Gaza. A língua que foi a língua de meus antepassados, mas que nunca foi falada em nossas casas, a língua que nunca ouvi porque seu silêncio representava a crença de que haveria uma integração perfeita ao ocidente. Em um momento de desintegração, eu queria então terminar com essa língua silenciada pela crença em uma integração que nunca ocorreu da forma como foi prometida, como se fosse o caso de resgatar das ruínas aquilo que foi excluído de nossa voz para que essa língua silenciada possa trazer a dor das promessas não realizadas e da continuidade das lutas. Com a língua dos habitantes de Gaza eu gostaria de lembrar que não há liberdade sem terra e que não há vida possível sem liberdade: ال حياة بدون حرية.

---

8. Walter Benjamin. *O anjo da história*. Belo Horizonte: Autêntica, p. 230.

"território ocupado", ocupação considerada totalmente ilegal pelas resoluções 242 e 338 da ONU há mais de cinquenta anos. Ou seja, a melhor defesa é respeitar a lei internacional e devolver os territórios ocupados. No entanto, em Gaza, a lei deixa de ter força de lei. Na verdade, deixar um povo sem lei, sem estado, sem cidadania, é uma prática de construção de vazios jurídicos que nos remete ao núcleo de colonialismo insuperável de nossas sociedades modernas. Nossas sociedades continuam coloniais. A questão central é: *contra quem?*. Pode-se falar da permanência do colonialismo porque estamos diante de um poder soberano que decide quando a lei vige e quando a lei é suspensa, em que território ela se aplica e em que território ela é impotente. A isso, alguns chamam de *democracia*. No entanto, isso é apenas a partilha de uma geografia da lei típica das relações coloniais.

Por isso, eu terminaria deplorando com todo o vigor acadêmicos e acadêmicas, que se dizem guardiães do pensamento pós-colonial e que se calaram vergonhosamente diante de uma típica catástrofe colonial, que fizeram declarações protocolares, que parecem mais indignados diante de problemas pronominais do que diante de corpos enterrados sob escombros de bombas. Quem quiser pensar criticamente deve estar disposto a não colocar seus interesses pessoais diante dos engajamentos necessários. Realmente desconfio que o pós-colonialismo de alguns termina nos limites do Comitê de Diversidade do Magazine Luiza. E queria aqui aproveitar e reconhecer a coerência profunda e a honestidade intelectual desses acadêmicos e acadêmicas que sofreram as piores retaliações e estigmatizações por demonstrar solidariedade ao drama palestino em um momento no qual a solidariedade se tornou uma das armas mais raras.

A meu ver, creio que algumas dessas pessoas entenderam que, nessas horas, a filosofia deve funcionar como um freio de emergência. Vocês devem conhecer esse fragmento de Walter Benjamin: "Marx diz que as revoluções são a locomotiva da história universal. Mas talvez as coisas se passem de maneira diferente. Talvez as revoluções sejam o gesto de acionar o freio

condicional.[7] Mas faz parte das práticas de dessensiblização privar populações da história de suas lutas. Palestinas e palestinos lutam há décadas contra massacres periódicos e indiscriminados, contra uma situação social de povo apátrida, sem estado nem território, constantemente submetido a uma vida precária, a uma morte sem dolo. A característica fundamental da vida em Gaza é a repetição bruta do massacre. Operação chuvas de verão, em 2006; Operação nuvens de outono, em 2006; Operação chumbo fundido, em 2008; Operação Coluna de Nuvem, em 2012; Operação Margem Protetora, em 2014; Conflito armado, em 2021. Esses são apenas os últimos atos de violência contra palestinos vivendo em Gaza, repetidos de maneira constante, sendo objetos da mesma indiferença.

Pode-se falar que todas essas operações foram exercício do direito de defesa do estado de Israel contra um grupo que quer eliminá-lo. No entanto, essa forma de se defender não é defesa alguma. Façamos um exercício elementar de projeção. O que acontecerá depois das ditas "ações militares" israelenses em Gaza? O Hamas será destruído? Mas o que significa exatamente *destruição* aqui? Ao contrário, não foi exatamente assim que o Hamas cresceu, a saber, depois das ações inaceitáveis de punição coletiva e de indiferença internacional? E mesmo se os líderes do Hamas forem mortos, não aparecerão outros grupos alimentados pela espiral cada vez mais brutal de violência? Seria importante partir do dado histórico de que todas as tentativas de aniquilar militarmente o Hamas só aumentaram sua força, pois *tais ações militares criaram o quadro narrativo ideal para que ele aparecesse, aos olhos de grande parte dos palestinos, como representante legítimo da resistência à ocupação.*

Como se não bastasse, não posso alegar direito de defesa quando lido com reações vindas de um território que ocupei ilegalmente. Contrariamente ao que acreditam alguns, há lei internacional, e ela diz claramente o que deve ser feito. O direito internacional reconhece à Palestina o estatuto jurídico de

---

7. Ver, por exemplo, Vladimir Safatle. "O suicídio de uma nação e o extermínio de um povo", *Revista Cult*, outubro de 2023.

coletivo sem posteriormente se degradar. Sabemos como todo processo de criação da Israel, um processo único e singular, foi feito a partir de lembrança do trauma da catástrofe do Holocausto e da consciência global de que nada semelhante deveria se repetir. Sabemos também como traumas podem construir vínculos sociais. A partilha da violência a que se foi submetido, a lembrança do dolo e da perda são elementos fortes na criação de laços de toda sorte. A identificação com o trauma coletivo consolida identidades e retira sujeitos da vulnerabilidade, pois a comunidade que se cria pela partilha do trauma tem a força de produzir a partilha de memorias coletivas e fornecer a base para lutas. Mas há dois momentos do vínculo social ao trauma coletivo e esse é apenas o primeiro. Pois há um segundo momento nos vínculos sociais produzidos a partir da partilha do trauma e há de se saber evitá-lo. Pois quando gerido pelo Estado-nação, o dever de memória do trauma acaba necessariamente por abrir espaço a uma autorização de violência contra tudo o que se associar ao trauma, dentro e fora da nação. Não é o Estado-nação que pode ser guardião do trauma social, mas a comunidade. Cabe à comunidade, na verdade, impedir o estado de se apossar do trauma a fim de evitar que a experiência do trauma perca sua força social de criação de vínculos ainda inexistentes, de comunidades sem limites e sem fronteiras. Força vinda da certeza de que nunca mais o trauma deve se repetir, em nenhum lugar, muito menos em territórios que ocupei ilegalmente.

DES-HISTORICIZAÇÃO E VAZIO LEGAL

Mas há ainda algo a mais que impressiona no texto assinado por Habermas e companhia. Trata-se de sua des-historicização e de sua indiferença ao vazio legal a que os palestinos estão submetidos. Alguns gostariam de começar toda essa discussão a partir dos terríveis ataques de 7 de outubro feitos pelo Hamas. Minhas críticas ao Hamas foram repetidas várias vezes nos últimos anos e minha recusa absoluta contra ações indiscriminadas visando a civis é inque nos é comum, é negada. Quando o comandante das forças armadas israelense diz que do outro lado há "animais humanos", ele expressa, de forma pedagógica, intenções genocidárias. Quando o presidente de Israel diz não haver diferença entre civis e combatentes e depois submete toda a população palestina a punições coletivas, quando ministros do governo de Israel afirmam ser plausível o uso de bombas nucleares contra Gaza e não tem outra punição que o simples afastamento de reuniões ministeriais futuras, quando descobrimos planos de deslocamento em massa dos palestinos para o Egito, quando a ministra da Igualdade Social e empoderamento feminino afirma ter "orgulho das ruínas de Gaza" e que daqui a oitenta anos todos os bebês poderão contar a seus netos sobre o que os judeus fizeram lá, estamos não apenas diante de intenções genocidárias, mas de uma das declarações mais sórdidas e intoleráveis de culto à violência que se possa imaginar. Isso é sim uma expressão clara e imperdoável de prática genocidária. Nada disso provocou sequer a pressão para tirar esses indivíduos do governo.

Genocídio não é algo ligado a algum número absoluto de mortes, não há um número que começa a valer por genocídio. Ele diz respeito a uma forma específica de ação de estado no apagamento dos corpos, na desumanização da dor de populações, na profanação de sua memória e no silenciamento do luto público que retiram tais populações de seu pertencimento ao *genos*. E de nada adianta utilizar a teoria espúria do escudo humano nesse contexto, um clássico do colonialismo contra a violência dos colonizados. Mesmo aceitando, para efeitos de argumentação, que um grupo de luta armada tomasse uma população como refém e a usasse como escudo, isso não dá a ninguém o direito de ignorar essa mesma população e tratá-la objetivamente como cúmplice ou como alguém cuja morte é um mero efeito colateral. Até segunda ordem, ainda não inventaram o direito de massacre.

Permitam-me ainda salientar um ponto nesse debate. O que a história do Estado de Israel nos mostra é que um Estado-nação não pode ser construído como o guardião da memória de um trauma

sente. Principalmente, mostra como a exigência de memória pela qual passou o povo alemão não foi um trabalho de elaboração e reflexão. Na verdade, ela foi uma operação de adestramento, pois reflexão ocorre quando entendemos, por exemplo, que:

> A cólera é descarregada sobre os desamparados que chamam a atenção. E como as vítimas são intercambiáveis segundo a conjuntura: vagabundos, judeus, protestantes, católicos, cada uma delas pode tomar o lugar do assassino, na mesma volúpia cega do homicídio, tão logo se converta na norma e se sinta poderosa enquanto tal.[6]

Essa é uma passagem da *Dialética do esclarecimento*, de Adorno e Horkheimer. Ela nos lembra que não devemos olhar para os atores das opressões sociais, pois eles podem mudar de lugar. A experiência de opressão não basta para a produção de práticas de emancipação e justiça. Antes, ela muitas vezes pode levar apenas à justificação de práticas de autopreservação comunitária diante da lembrança, constantemente reiterada, de uma violência anteriormente sofrida. Fomos violentados e temos o direito a tudo para que sequer a sombra dessa violência paire novamente. E poderíamos lembrar de vários momentos nos quais a opressão anterior acabou por justificar práticas de imunização. Ela irá, então, mobilizar todos os recursos e forças para imunizar grupos, reforçar a segurança, constituir fronteiras. Não por acaso, o apartheid foi criado por um povo, os afrikaners, que havia sido anteriormente vítimas do primeiro uso sistemático de campos de concentração com práticas de extermínio. Quando não conseguimos refletir sobre processos, nos adestramos a um imaginário estanque. Em vez de compreender estruturalmente as dinâmicas da violência e do extermínio com sua mobilidade possível de ocupantes, nos fixamos em imagens e representações fixas, mesmo que antigos oprimidos estejam a massacrar novos oprimidos.

Contra esses, devemos lembrar que *genocídio* ocorre todas as vezes em que o vínculo orgânico de populações ao *genos*, ao

---

6. Theodor Adorno e Max Horkheimer. *Dialética do esclarecimento*. Rio de Janeiro: Jorge Zahar, p. 160.

tituintes de nossa ordem política, eles sempre existiram e, em intensidade diferente, continuam a existir. O que Gaza faz é, de certa forma, ampliar essa lógica, expô-la de forma crua em toda sua brutalidade. Até hoje, não houve ideal de justiça sem cegueira, defesa da integridade física de sujeitos sem o direito de apagamento de outros. Isso não poderia ser diferente em um mundo sujeito à extensão ilimitada de um sistema de produção no qual a possibilidade de igualdade radical é estruturalmente negada.

É interessante perceber essa dessensibilização não apenas nos discursos políticos globais, mas em filósofos aparentemente comprometidos com os mais altos desígnios emancipatórios do pensamento crítico. No dia 13 de novembro de 2023, nomes fundamentais da Teoria Crítica contemporânea, essa mesma teoria crítica à qual me sinto vinculado, como Jürgen Habermas, Rainer Forst, Nicole Deitelhof e Klaus Günther entenderam por bem publicar um texto, a respeito do conflito palestino e suas consequências, intitulado "Princípios de solidariedade". Começando por atribuir toda a responsabilidade dessa situação aos ataques do Hamas, como se tudo tivesse começado em 7 de outubro de 2023, defendendo o "direito de retaliação" do governo israelense e fazendo considerações protocolares sobre o pretenso caráter controverso da dita "proporcionalidade" de sua ação militar, o texto termina por afirmar que seria absurdo pressupor "intenções genocidárias" ao governo de extrema direita de Israel, conclamando todos ao mais profundo cuidado contra "sentimentos e convicções antissemitas por trás de toda forma de pretextos". Bem, o que posso dizer em 3 de abril de 2024 é que até agora ninguém pediu desculpas por esse artigo macabro.

O que me interessa aqui é como tal artigo demonstra que princípios universalistas de justiça podem muito bem ser usados estrategicamente para expiar fantasmas locais de responsabilidade perante catástrofes passadas, criando uma bizarra dessensibilização com argumentos morais. Ele mostra como a fidelidade a um trauma histórico, o sentimento de responsabilidade diante do passado, pode nos levar a uma profunda dessensibilização do pre-

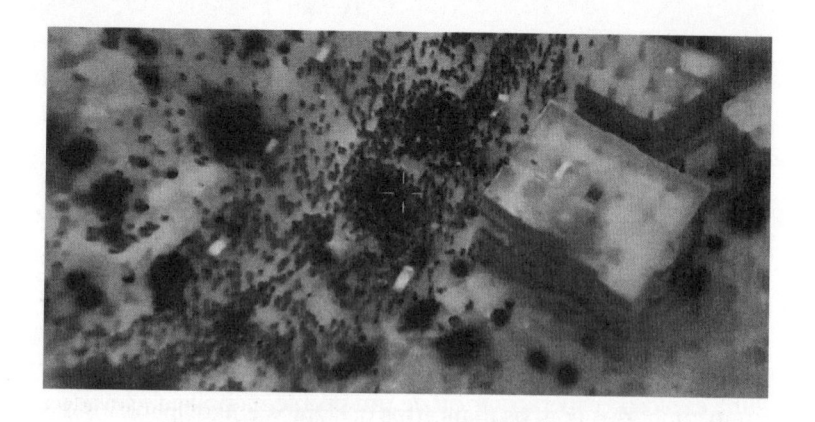

No entanto, esse massacre ocorreu duas vezes. A primeira, através da eliminação física de uma população reduzida a condição de massa faminta, lutando pela sobrevivência física. A segunda através dessas imagens. O documento visual que atravessou o mundo foi a redução dessa população a pontos em movimento, marcados como se marca um alvo em um jogo de videogame. A perspectiva não é a perspectiva humana dos corpos que caem. Ela é a perspectiva fria do drone que faz dos corpos entidades indiscerníveis, pontos em movimentos, manchas em uma tela. O que valeu como documento era uma imagem cirúrgica, dessensibilizada, da perspectiva do drone, mas da perspectiva do drone essas pessoas já estavam mortas. Elas eram pontos e nada mais. Esse foi o segundo massacre, o massacre simbólico, talvez ainda mais intolerável que o primeiro, pois é a expressão da redução do humano a um limiar entre o nada e o alguma coisa, redução a um ponto.

Essa imagem monstruosa, no entanto, mostrou a verdade de um processo de dessensibilização que é uma dimensão insuperável de nossos discursos sobre justiça, é seu ponto cego constitutivo. Nossos princípios normativos de justiça e reparação comportam necessariamente pontos cegos, espaços de dessensibilização e desumanização. Nesses lugares, nada se vê, existe uma exigência fundamental de impedir o trabalho de dolo coletivo, de luto público, de indignação. Por isso, lugares como Gaza são cons-

fundamental que gostaria de chamar a atenção a respeito do paradigma da guerra infinita é a reorganização da sociedade civil a partir da lógica da guerra. Isso significa uma forma de gestão social baseada na militarização das subjetividades, que passarão a naturalizar a execução e o extermínio, que se organizarão como milicias, que se identificarão com a virilidade vazia dos fracos armados, que transformarão a indiferença e o medo em afetos sociais centrais. Isso exige também a construção de inimigos que não podem nem devem ser vencidos, inimigos eternos que devem periodicamente nos lembrar de sua existência, através de um ataque terrorista, de uma explosão espetacular ou de um problema policial elevado à condição de risco de estado. Por fim, militarizar as subjetividades significa também implodir todos os vínculos possíveis de solidariedade em nome de uma defesa de minha comunidade ameaçada, minha identidade colocada em risco que, por estar em risco, pode produzir as piores violências, como se tivesse o direito soberano de vida e morte contra um inimigo que se confunde com o outro.

O que gostaria de defender com vocês é que esse processo tem como seu ponto de inflexão essa operação macabra que vemos agora todos os dias e que consiste em fazer as pessoas não sentirem Gaza. Esse é o verdadeiro experimento social: dessensibilizar sujeitos a catástrofes, levar pessoas a não mais se indignarem nem agirem para impedi-la. Se isso for possível, então Gaza será apenas o primeiro capítulo de uma implosão social generalizada.

DESSENSIBILIZAÇÃO

O que efetivamente me levou a trocar o tema de minha aula magna foi uma cena que gostaria de lembrar a vocês. Ela é a cena do massacre da rua Al Rachid no qual mais de cem palestinos foram mortos pelo Exército israelense quando procuravam por comida. Como disse Netanyahu, a respeito desse massacre: *acontece*. Ou seja, algo que deve ser visto como um fato qualquer que não merece nos determos muito nele.

social, econômica, política, psíquica e epistêmica. Crises que tendem, em larga medida, a se estabilizar, tornando-se o regime normal de governo, como a longa crise política das instituições da democracia liberal nos últimos vinte anos ou a longa crise econômica, presente no horizonte de justificação das políticas econômicas de nossos países e instituições desde 2008. Essas crises não impediram a preservação dos fundamentos da gestão econômica neoliberal, nem o aprofundamento de sua lógica de concentração e de silenciamento de lutas sociais. Antes, podemos mesmo dizer que elas forneceram o solo ideal para a realização de tais processos. Essa dinâmica de normalização das crises aponta para uma mutação de nossas formas de governabilidade, pois estas podem cada vez mais normalizar o uso de medidas excepcionais, violentas e autoritárias no interior de processos de gestão social, já que estamos em situação de medo contínuo.

Diante de uma situação dessa natureza, algumas possibilidades se colocam diante de nós. Uma delas é a transformação estrutural das condições que geraram tal sistema de crises conexas, outra é a generalização do paradigma da guerra como forma de estabilização da crise. Essa segunda opção, a que nos parece atualmente a mais natural, exige a generalização da lógica da guerra infinita como paradigma de governo. A guerra infinita permite uma espécie de corrida para a frente que nunca termina; na qual a desordem contínua é a única condição para a preservação de uma ordem que não tem mais como garantir horizontes normativos estáveis. Diante da decomposição social, a guerra permite alguma forma de coesão, enquanto naturaliza, repete e generaliza níveis de violência e indiferença inaceitáveis em outra situação. Isso ajuda a entender porque, nesse momento histórico, não há mais sequer órgãos de mediação multilateral, como a ONU. Gaza marcou o fim de fato das Nações Unidas como instância vinculante, já que mesmo uma exigência de cessar-fogo de seu Conselho de Segurança é recebida pelo Estado de Israel com uma indiferença soberana.

Mas além da generalização da possibilidade de guerras de conquista entre estados com seus redesenhos de cartografias, o fato

Mas não é essa magnitude que faz de Gaza o ponto de partida de todo pensamento que queira pensar a catástrofe que marca nosso tempo. Afinal, poderíamos entrar naquele exercício macabro e desprovido de sentido de comparar extermínios e genocídios. A esse respeito, eu só poderia aqui fazer minhas as palavras do antropólogo Luiz Eduardo Soares, que, diante da contraposição entre genocídios que visa apenas limitar nossa capacidade de sentir o intolerável quando ele está diante de nossos olhos, afirmou em um texto memorável: "as dores não são comparáveis, elas são a mesma".[4] Sim, é verdade. Não há porque comparar a dor porque, até segunda ordem, não há em supermercados balanças de intensidades de dor, medidores de gritos, termostatos de explosões de edifícios. Não se compara o que é o mesmo.

Na verdade, o que faz de Gaza esse ponto de partida do pensamento de nossa época é a conjunção entre quatro processos: repetição, dessensibilização, des-historicização e vazio legal. Eu queria então falar de cada um deles por entender que eles não são apenas reações ao que vem de Gaza, mas dispositivos globais de governo a serem aplicados, em escala indefinida, contra populações colocadas em extrema vulnerabilidade. Ou seja, Gaza diz respeito a todos nós porque estamos diante de uma espécie de Laboratório Global para novas formas de governo. Como já vimos em outros momentos da história, práticas e dispositivos de violência estatal e sujeição desenvolvidas em locais específicos são paulatinamente generalizados em situações de crise. Quando pensadoras como Berenice Bento afirmam existir uma "palestinização do mundo"[5] há de se tomar essas palavras a sério.

Permitam-me sugerir uma rápida análise macro-histórica para contextualizar o que tenho em mente. Estamos diante de uma conjunção inédita de crises que não tem como passar dentro do sistema capitalista que a gerou: crise ecológica, demográfica,

---

4. Luiz Eduardo Soares, "As palavras apodrecem", Disponível no *site*: *www.aterraeredonda.com.br/as-palavras-apodrecem*.
5. Berenice Bento, "Defensores de Israel usam antissemitismo como instrumento de chantagem", Folha de São Paulo, 18 de janeiro de 2024.

pensamento a partir de um lugar, pois cabe a todo pensamento pensar a partir da capacidade de se deixar afetar por certos lugares que funcionam como sintomas da totalidade social. Há lugares que são como sintomas, isto no sentido de lugares onde uma contradição global se explicita, uma verdade expulsa retorna, fazendo o corpo inteiro claudicar. Um sintoma é o que nos faz não conseguir mais desviar, pois faz emergir algo que só poderá ser ignorado à condição de criar um dispositivo de *não querer saber*, um sistema de silenciamento e apagamento que sempre fracassa e que, quanto mais fracassa, mais violento se torna.

Se assim for, *todo pensamento é pensamento a partir de um lugar* não é necessariamente uma proposição que determina que só quem está em certo lugar (geográfico, social) pode pensar certas situações. Antes, ele nos lembra que há lugares que todo e qualquer pensamento que aspire um conteúdo de verdade não pode ignorar, não pode se desviar. Há aquilo que poderíamos chamar de uma *universalidade de combate* e que consiste em se associar a um lugar do qual não viemos, habitados por pessoas que não tem nossas identidades sociais nem partilham necessariamente nossas formas de vida. No entanto, sabemos que a possibilidade de uma humanidade por vir, e creio que essa ideia faz cada vez mais sentido, depende de nos associarmos a elas e pensarmos a partir de seus lugares. Para a nossa época, esse lugar é Gaza.

Alguém poderia começar questionando o significado dessa excepcionalidade dada a Gaza, mesmo que estejamos diante do maior massacre de civis em todo o século XXI: 32.700 pessoas até agora. Enquanto todas as guerras combinadas entre 2019 e 2022 mataram 12.193 crianças, 12.300 crianças foram mortas apenas nos quatro primeiros meses da Guerra em Gaza. Nesse exato momento, 50% da população de Gaza, ou seja, um milhão e cem mil pessoas, estão em condição de *fome catastrófica*, o mais elevado grau de fome segundo Sistema de Segurança Alimentar Integrado (IPC). "Este é o maior número de pessoas já registrado de vítimas de fome catastrófica em qualquer lugar em qualquer tempo", segundo palavras do Secretário-Geral da Organização das Nações Unidas.

baixo", *strophein*, "virar", inicialmente usado na tragédia para indicar o momento no qual os acontecimentos se voltam contra o personagem principal. Ou seja, o momento em que a história se vê obrigada a mudar brutalmente de direção.

ONDE FICA GAZA?

Falo isso porque nosso presente se vê diante de uma catástrofe dessa natureza e, a meu ver, seria obsceno usar essa aula magna para falar de outra coisa, como se essa catástrofe não estivesse entre nós, a corroer nossos dias, a gritar diante de nosso sono dogmático. Se eu falasse de outra coisa, eu estaria dizendo a vocês que a filosofia pode ignorar a dor, pode ser indiferente ao despedaçamento dos corpos e ao genocídio de populações, o que seria a meu ver uma péssima forma de começar um curso de filosofia. Eu estaria ensinando a indiferença e dando a impressão de podermos continuar a fazer nosso trabalho como se nada estivesse a ocorrer. Decididamente, não é silenciando a dor que se começa a pensar filosoficamente, mas é a escutando, é fazendo o pensamento passar através dela.

A catástrofe da qual estou falando está associada a um lugar. Ele se chama Gaza. Gostaria de começar por lembrar que há vários sentidos do sintagma, tão usado atualmente, "todo pensamento é pensamento a partir de um lugar". Afinal, devemos necessariamente particularizar lugares ou devemos mostrar como certos lugares específicos nos permitem apreender a totalidade funcional do sistema social do qual fazemos parte? Um pensamento a partir de lugares tem sua força normativa restrita ao lugar de onde emerge?

Pois alguns acreditam que devemos assumir uma limitação do pensamento a condição de ponto de vista. Como se eu estivesse necessariamente vinculado ao lugar que ocupo e que definiria meu ponto de vista, um lugar que outro não poderia ocupar, ou um lugar que limita minhas pretensões de falar para todos e quaisquer. A isso alguns chamam de *pensamento situado*, mas eu entenderia de outra forma a ideia de que *todo pensamento é*

dade do tempo, exigindo o aparecimento de outra forma de agir, de desejar e de julgar. Ele é sempre uma ruptura que reconfigura o campo dos possíveis nos levando, mesmo que usemos as mesmas palavras de sempre, a habitar um mundo totalmente diferente. No fundo, é desses acontecimentos, e apenas deles, que a filosofia trata. Por isto, não seria incorreto dizer que toda experiência filosófica é necessariamente vinculada a um acontecimento histórico, ela é a ressonância filosófica de um acontecimento. Assim, a filosofia cartesiana é solidária do impacto filosófico da física moderna. Ela é a elaboração, até as últimas consequências, da dissolução do mundo fechado pré-Galileu e do advento de um universo infinito de espaço homogêneo e a-qualitativa. A filosofia hegeliana, por sua vez, pode ser vista como fruto das aspirações emancipadoras da Revolução Francesa, suas tensões e desafios. Ou seja, cada experiência filosófica original nasce da elaboração das crises do tempo, seja essa crise trazida por acontecimentos políticos, por abalos em nosso paradigma científico, por experiências estéticas portadoras de força de ruptura da linguagem ou por novas ordens dos desejos. O ponto central aqui é: tais crises são produzidas por acontecimentos portadores da força de instaurar o que até agora foi subtraído à representação. Essa instauração impulsionada pelo que é capaz de colocar em questão nossa forma de organizar os nomes e os pertencimentos.

No entanto, gostaria aqui de falar da fidelidade a outra forma de acontecimento. E sigo um caminho que não é de Badiou, pois é possível que uma época seja marcada por acontecimentos que não são portadores potenciais de novas formas de relação, mas que são a expressão da dimensão do intolerável. A esses normalmente damos o nome de *catástrofe*. E quem gostaria de pensar a partir de acontecimentos deve ser capaz também de fazer o pensamento parar diante de catástrofes. Parar não como quem se coloca diante do cultivo do incomunicável e da paralisia, mas como quem entende que se trata de enunciar o signo final de uma época que não pode mais de forma alguma permanecer. O termo, vindo do grego, não deixa de ter uma etimologia significativa. *Kata*, "para

frase para aqueles que começam um curso de filosofia. Pois ela fornece uma boa resposta ao problema do objeto próprio à filosofia. Pois haveria um conjunto de objetos que poderíamos chamar de *objetos filosóficos*, assim como falamos que existem objetos e fenômenos próprios à economia, à teoria literária e à sociologia? Mas se existir tal conjunto de objetos, poderia um filósofo falar de um texto literário, fazer considerações sobre um problema econômico ou discorrer sobre, por exemplo, a natureza dos papéis sociais? Ao fazer isto, ele deixaria de ser filósofo?

Quando Canguilhem afirma que só serve à filosofia a matéria que lhe for estranha é para lembrar que há uma especificidade do discurso filosófico: ele não tem objetos que lhe sejam próprios. De certa forma, a filosofia é um discurso vazio, pois não há objetos propriamente filosóficos, o que talvez nos explique porque não pode haver, por exemplo, teoria do conhecimento sem reflexões aprofundadas sobre o funcionamento de, ao menos, uma ciência empírica, não há estética sem crítica de arte, filosofia política sem a escuta de fatos políticos, mesmo ontologia sem lógica. Em todos estes casos a filosofia toma de empréstimo objetos que lhe vem do exterior, absorve saberes cujo desenvolvimento não lhe compete diretamente.

Mas não haver objetos propriamente filosóficos não significa afirmar inexistir questões propriamente filosóficas. Que a filosofia seja um discurso vazio não significa que ela é irrelevante. Antes, essa é sua força real. Pois há um modo de construir questões que é próprio da filosofia e este modo admite praticamente todo e qualquer objeto. A caraterística maior de uma questão filosófica é sua forma de se perguntar sobre como um fenômeno ou um objeto se torna um acontecimento. Ou seja, não se trata simplesmente de descrever funcionalmente objetos, nem de justificar suas existências, dar aos objetos razões de existência a partir de uma reflexão sobre o dever-ser. Na verdade, a filosofia tenta compreender como o aparecimento de certos objetos e fenômenos produzem modificações em nossa maneira de pensar, no sentido mais amplo possível, pois um acontecimento não é apenas uma mera ocorrência, mas o que problematiza a continui-

No entanto, dias depois, pedi ao departamento para mudar o título de minha saudação a quem ingressa nesse curso. Pode parecer inicialmente que tal mudança seria fruto do impacto relativo às questões mais prementes do noticiário, como se fosse uma capitulação da filosofia à leitura dos jornais. No entanto, ela diz respeito a algo de fundamental a respeito do que afinal devemos compreender por *filosofia*. Essa mudança já é, a sua maneira, uma forma que encontrei de procurar realizar o que se espera de uma aula inaugural, a saber, certa reflexão sobre a natureza da atividade filosófica e a maneira singular com que cada um de nós a ela se vincula.

Michel Foucault um dia alertou contra aqueles que acabavam por compreender a filosofia como uma: "perpétua reduplicação de si mesma, um comentário infinito de seus próprios textos e sem relação a exterioridade alguma".[2] Como se fosse possível descrever o sistema de motivações de um texto filosófico simplesmente a partir das negociações com problemas herdados de outros textos filosóficos, em uma espécie de cadeia fechada de textualidades que atravessam o tempo como um bloco intocável. Como se fosse desejável ler textos filosóficos como quem procura explicitar suas ordens internas de razões, sem levar em conta sua responsividade a contextos sócio-históricos e acontecimentos.

Gostaria de começar sugerindo uma outra compreensão da atividade filosófica. Essa compreensão eu a aprendi de outro professor que muito me influenciou, a quem gostaria aqui também de prestar homenagem: Alain Badiou. Ela vê na filosofia certo tipo de escuta de acontecimentos capazes de produzir o desabamento do tempo presente. Essa formulação insiste, inicialmente, que a filosofia seria uma escuta voltada a seus exteriores, como se fosse o caso de afirmar que ela seria: "uma reflexão para a qual qualquer matéria estranha serve, ou diríamos mesmo para a qual só serve a matéria que lhe for estranha".[3]

Esta frase é de Georges Canguilhem. Creio que é a melhor

---

2. Michel Foucault, *Dits et écrits*, Paris: Quarto, p. 1152.
3. Georges Canguilhem, *O normal e o patológico*. Rio de Janeiro: Forense, 2000, p. 12.

Quando recebi o honroso convite de proferir a aula magna[1] de nosso Departamento, apresentei inicialmente outro tópico de discussão. Minha ideia era falar da tradição de pensamento crítico à qual me vinculei desde a época em que era estudante de filosofia, ocupando o mesmo lugar que vocês ocupam agora. Refiro-me a essa tradição que mobilizou a dialética para compreender os impasses do processo de formação e desenvolvimento nacional, com suas defasagens entre ideia e efetividade. Essa mesma que se dedicou de maneira rigorosa a repensar as potencialidades de orientação do pensamento crítico através da recuperação da lógica dialética exatamente no momento histórico em que essa mesma dialética era recusada nos países centrais do capitalismo global. Eu gostaria de falar das razões dessa interessante defasagem de uma tradição crítica que se constitui em um país periférico no exato momento em que a dialética era recusada como modelo crítico no outro lado do Atlântico.

Falar dessa defasagem para melhor pensar nosso lugar de pensamento, assim como as crises do presente e suas potencialidades de transformação. Essa era ainda minha forma de prestar homenagem ao trabalho superlativo desenvolvido em nosso departamento por nomes como Paulo Arantes, Ruy Fausto, José Arthur Giannotti, além de Michel Löwy e, de uma forma mais distante, mas nem por isso menos importante na configuração desse debate, por Rubens Rodrigues Torres Filho e principalmente Bento Prado Júnior, a quem eu devo muito mais do que conseguiria expressar aqui. Nomes que espero que todos vocês possam conhecer e aprender a admirar.

---

1. Este texto foi originalmente apresentado como palestra na aula magna do Departamento de Filosofia da Universidade de São Paulo, no dia 03 de abril de 2024.

Pensar após Gaza

Desumanização, trauma e a filosofia
como freio de emergência